24H

京都漫旅

Kyoto guide

Perfect trip for beginners & repeaters.

瑞昇文化

Enjoy,your travel.
前往可愛的和風京都

編織了悠久時光的京都，是一個在不引人注目的巷弄或路旁的小石頭之中都可能寄宿著驚奇歷史故事，越是造訪、魅力也就更加深刻的城市。

視野被櫻花的淡紅色覆蓋的春天、鴨川和貴船的潺潺流水聲讓人倍感沁涼的夏天、深紅色的紅葉隨風舞動的秋天、純白的雪飄落在凜然的樹木與神社佛閣屋頂的冬天……那些隨著季節更迭、令人捨不得移開視線的雅緻華貴美景，就在那裡等候著各位。

本書編輯製作的思維，是基於在京都生活的人們應該如何和前來旅遊的重要朋友一起度過最棒的時光。帶領大家前往由縱向道路與橫向道路交織而成、宛如棋盤網格的街區，以及擁有豐饒自然的郊外等夢寐以求的憧憬場所。好可愛！真美味！超開心！從早晨到深夜，讓你滿心雀躍的旅程起點，肯定就是由此開始的。各位想不想試著描繪一下只屬於你自己的京都繪卷呢？

24H *Kyoto guide* CONTENTS

THE SEASON GUIDE

本書的閱讀須知

★本書所收錄的內容為截至 2024 年 5 月的資料，關於營業時間、公休日的資訊為依照平時的營業時間、公休日刊載。

★本書所收錄的內容可能會出現介紹之設施無法開放參觀、停駛、活動中止以及刊載店家營業日或營業時間的異動。還請各位務必在事前於官方網站、社群軟體等管道確認最新的資訊。

資料的閱讀方法

☎＝電話號碼　　🏠＝地址

🕐＝營業時間。餐廳為開店～打烊或是 LO（最後點餐）的時間；設施為開館時間　最後入館或入場時間。此外，可能出現比記載的時間提早或延後的情形，還請務必留意。

🔒＝公休　　原則上只標示年末年始、盂蘭盆節假期、黃金周以外的公休日。

￥＝費用　　表示必須支付入場或設施使用費等場合的成人費用。以「円」（日圓）表示。旅宿的場合原則上表示單床，雙床房 1 間的住宿費用。如果沒有特別標示，則費用已包含稅金或服務費。隨著季節不同，價格也會隨之變動，還請務必留意。

URL＝官方網站

MAP P.000 A-0　　表示該物件在地圖上的位置。

Night (18:00-21:00)

Midnight (22:00-00:00)

貴船・鞍馬

大原

經常聽到的京都腔

おおきに (Ookini)＝謝謝
おこしやす (Okoshiyasu)＝歡迎光臨
はんなり (hannari)＝高雅華美
上ル (Agaru)＝往北
下ル (Sagaru)＝往南

北大路通

今出川通

銀閣寺

堀川通

烏丸通

丸太町通

河原町通

祇園周辺

河原町周辺

五条通

KYOTO STATION

清水寺

京都市是這樣的地方

面積：約 **827.8** km²

人口：**144** 萬

3486 人

（2023年10月1日時之數據）

おこしやす〜!

京都

能夠與神社佛閣、舞妓等憧憬的存在相遇的京都。既古典又新穎，還擁有許許多多絕妙的拍照景點 ♥

伏見・宇治

年間觀光客人數

約**6668**萬人

※2022年度調查之數據

2天1夜的預算

約**35000**円

住宿費1萬円、餐費1萬3000円（早餐、午餐、晚餐、點心）、參觀費等4000円、市內交通費3000円、伴手禮5000円。經由以上推估得出概略預算。

前往京都的交通範例

東京→京都（新幹線）
約2小時15分

北海道→京都（飛機＋電車）
約3小時

九州→京都（新幹線）
約2小時40分～4小時30分

大阪→京都（關西機場特快HARUKA）
約1小時15分

主要的交通方式

巴士
京都市營巴士、京都巴士等

電車
京都市營地下鐵
（烏丸線、東西線）等

嵐山周辺

金閣寺

四条通

最佳季節速查表

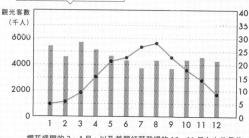

櫻花盛開的3、4月，以及美麗紅葉登場的10、11月左右為最佳季節！因為氣候舒適宜人，所以觀光客也非常多，建議各位提早預約旅宿和餐廳等。（表格為觀光客人數與平均氣溫）

徹底享受京都！3天2夜的最佳度過方式

3 Days Perfect Planning

美食和名勝都涵蓋在內！為各位導覽能打造享受京都旅程的予先規劃。

Planning:
Day 1

藉由早餐與和服讓自己染上「和風」，
入夜後就享受時下的京都風貌！

直接前往洋溢和風風情的人氣店家！在享用早餐之後，要不要換上和服、以煥然一新的模樣在岡崎散步或參加體驗行程呢？晚餐就優雅地品嚐現在流行的京都中華。

穿過平安神宮的應天門之後，坐落於白淨玉砂利另一頭的就是大極殿。讓人跨越了千年時光，深刻地感受到王朝的典雅

008

參拜完下鴨神社以後，就造訪舊三井家下鴨別邸，享受芳香宜人的濃茶凍所帶來的點心時光

下鴨神社的媛守。每一個御守的圖樣都各有不同，請從中找出自己屬意的款式吧

從舊三井家下鴨別邸的座敷欣賞庭園。在眺望的過程中，心情也隨之放鬆

Planning:

Day 2

早起之後就前往被森林圍繞的神社。
讓自己從早晨就蓄積能量！

神社或寺院、古蹟的巡禮，都是會讓人很想加入旅行計畫的行程。如果起了個大早去進行晨間活動的話，或許就會讓你分外感到神清氣爽、有所斬獲喔。

在出座町觀賞電影，
然後到館內的咖啡廳
悠閒地暢談電影話題

Planning:
Day 2

次文化以及雜居大樓的御番菜
京都也擁有這樣的面貌！

第2天的午後就到商店街的迷你劇院觀
賞電影，接著再前往木屋町拜訪遠近馳名
的名人老闆娘。然後巡遊話題酒館續攤，
最後在町家酒吧喝一杯作為收尾。

16:00 到個性豐富的迷你劇院來場電影鑑賞 P▶104

20:00 想嘗嘗御番菜就不能錯過這裡！ P▶128

21:00 名店聚集的紅葉小路 P▶132

23:00 為京都之夜拉下緞帳的町家酒吧 P▶150

「あおい」的御番菜
料理。老闆娘爽朗的
笑容與細心關照就是
高人氣的祕密

Day3

祈求戀情・購買伴手禮
以宛如置身於夢境的
行程妝點旅程的終幕曲

最後一天也活用專屬的時間，前往貴船
這個「京都的奧座敷」（京都市近郊的
觀光地），祈求戀情而來，享用町家午
餐、購物，走遍街上的每個角落。直到
要踏上歸途之前，讓我們盡可能暢遊到
最後一刻吧。

在朱紅色燈籠的引領下，前往貴船神社的本宮參拜。締結良緣的結社則位於上流處

於「食と森」享用御番菜午餐，再點份名物布丁作為甜點

保留古樸又美麗的外觀，經過現代化修整的京町家。讓人能夠悠閒地在這裡度過心情愉悅的時間

011

京 都 的 早 晨
IN THE

Morning

06:00 - 10:00

受歡迎的觀光景點總是人山人海！既
然如此，要不要試著在人潮較少的早
上時間前往很想一探究竟的場所呢？
先起了個大早，然後充分吸入澄澈的
空氣，相信就能神清氣爽地展開當天
的行程。

鳥居具有「從這裡開始就屬於神域」的意義。要通過之前，請先使用手水舍的水清淨身心

御守的圖樣也是清水舞台！

早起的話就能獨占絕景！？
以**兩大人氣社寺**作為早晨第一個行程！

KIYOMIZUDERA

照片提供／清水寺

獨占這個絕景！

清水舞台
きよみずのぶたい

6：00
開放

可飽覽四季更迭的溪谷景色與京都市街。如果想將舞台建築也納入眺望視野的話，不妨前往本堂東側的奧之院

1 參拜路徑的終點可以抬頭仰望舞台和三重塔 **2** 仁王門的兩側有京都最大的兩尊仁王像鎮守 **3** 音羽瀑布之水被視為觀音所賜的金色水（長壽延命水）而廣獲大眾信仰

參拜從仁王門開始

清水寺
きよみずでら

早晨參拜是京都旅行的代表行程

作為「從清水舞台一躍而下」這句俗諺的語源而廣為人知的本堂，是藉由不用任何釘子的日本古老工法蓋成。請一一尋訪位於境內各處的能量景點吧。

MAP P.178 F-5
☎075-551-1234 ⑨京都市東山区清水1-294 ⑤6：00～18：00（視季節而異）⑥400円 ⑥無休

熱門的社寺最好選擇在早上參拜

在刻畫了悠久時光的京都，光是市內就有超過2000間的寺院和神社。

在這之中，位列世界遺產的清水寺，以及洋溢著神祕氛圍的伏見稻荷大社可說是擁有高人氣的兩大景點。因為就算是平日也依舊人聲鼎沸，若是想要悠閒地參拜的話，請一定要列為早晨的第一個行程。

因為這兩個地方都位於山邊，早上空氣的清澈度更是截然不同。一邊進行深呼吸、一邊在晨曦灑落的境內巡遊，便會感到神清氣爽。另外還能期待獲得各方的庇佑。

穿越
千本鳥居

獨占這個絕景！

千本鳥居
せんぼんとりい

24h
開放

陽光從鳥居之間灑落，洋溢神祕的氣氛。傳到耳際的枝葉摩擦聲或鳥的鳴叫都令人倍感療癒

FUSHIMI INARI TAISHA

守護樓門的
神使狐狸

❶如果時間充裕的話，推薦往返約 2 小時的御山巡禮 ❷於奧社奉拜所奉納繪馬 ❸神明的使者狐狸

奧社奉拜所
限定的白狐守

伏見稻荷大社
ふしみいなりたいしゃ

保佑生意興隆的稻荷大人

這裡是全國多達 3 萬間的稻荷神社的總本宮，祭神是稻荷大神。稻荷山整體有超過 1 萬座的朱紅鳥居相連，就像是要將大家引領到異世界。

[MAP] P.176 E-5

☎075-641-7331 ♠京都市伏見区深草薮之内町68 ⏰ 🔓境內自由參觀

18

19

20

21

22

23

0

從神祕森林中的古社前往河岸區域

下鴨神社的開放時間是早上6點。包圍境內空間的糺之森，讓這裡的早晨充滿了格外神祕的氣息。締結良緣、祈求美貌、除厄等，在巡訪坐落於寬廣境內、能境也為之悸動。

帶來以上庇佑的神社之後，就可將腳步轉向鴨川。高野川與賀茂川的匯合地點形成了鴨川Delta，踏過這裡的飛石渡河，在河畔的長椅上大快朵頤外帶的餐食或甜點，彷彿讓人拾回童心，心

空氣真新鮮

Best time

藉由清澈的空氣和絕品外帶美食蓄積能量♡

7:00 早晨的下鴨神社&鴨川散步最棒了!

1 以神紋雙葉葵為意象的原創乾菓子「葵之庭」550円
2 縮緬質地的媛守和丹寧布質地的彥守，各1000円

1

2

蕾絲守
2000円

下鴨神社(賀茂御祖神社)
しもがもじんじゃ(かもみおやじんじゃ)

以葵祭聞名的世界遺產神社

據說創始可追溯到平安京時代以前，是京都屈指可數的古社。轟立於樓門前的相生社因其在締結良緣方面的庇佑而獲得人們信仰。正式名稱是源自於這裡祭祀了上賀茂神社祭神之親神。

MAP P.174 E-3

☎075-781-0010 ♠京都市左京区下鴨泉川町59 ⏰6:00～17:00(授予所9:00～) ❸境內自由參觀(大炊殿500円) 🔒無休

◇◇◇ 於7月的土用丑之日左右的10天內舉行的「御手洗祭」，是將腳浸入境內的御手洗池，祈求無病息災的熱門年中活動。

冰咖啡 550 円、季節 tartine550 円～、核桃葡萄乾奶油起司三明治 500 円

タルティーヌとコーヒー はんな
タルティーヌとコーヒー はんな

早餐和今日點心都在這
以法國風開放式三明治「tartine」和手沖咖啡為招牌品項的咖啡廳。以自家培養酵母製作的麵包廣受好評。

MAP P.174 D-4 ☎無 ♠京都市上京区青龍町 218 グランコスモ鴨川 1F ⏱ 8:30～14:00（週六、日）～16:30）🔒週二、三

豆餅 1 個 220 円

越嚼越美味♪

鴨川
かもがわ

在水域邊振重精神
京阪出町柳站出站即抵達的三角洲「鴨川 Delta」是從在地居民到旅人都會於此休憩的場所。收起羽翼的水鳥身影療癒了每個人的心靈。

MAP P.174 E-4

下鴨神社（賀茂御祖神社）

紅の森

河合神社

出町柳駅

タルティーヌとコーヒーはんな

出町ふたば

おにぎり屋さん

ベーカリー柳月堂

可以外帶♪
當成散步後的樂趣

早上吃飯派的招牌選擇

出町ふたば
でまちふたば

鎖定排隊人數少的早晨
用搗好的麻糬將紅豌豆和豆沙餡包起來的京都名品。也販售豆餅等形形色色的和菓子。

MAP P.174 D-4 ☎075-231-1658 ♠京都市上京区出町通出川上ル青龍町 236 ⏱ 8:30～17:30 🔒週二、每月第 4 個週三（達國定假日則隔日休）

早上在鴨川騎車

京都 ECO TRIP
きょうとエコトリップ

MAP P.185 B-4 ☎075-691-0794 ♠京都市南区東九条室町58（本店）⏱9:00～18:00（6:30～8:30 為早上費用+300円）🔒無休

不會吃膩的品項

賀茂大橋

鴨川

おにぎり屋さん
おにぎりやさん

傳統的樸實飯糰
能享受剛煮好、熱騰騰的米飯美味，因此獲得好評的飯糰。經常備有 30 種品項。另外也販售便當和熟食。

MAP P.174 E-4 ☎075-781-0399 ♠京都市左京区田中上柳町53 ⏱ 7:00～18:30 🔒無休

ベーカリー柳月堂
ベーカリー りゅうげつどう

懷舊風格麵包店
於京阪出町柳站前創業已 70 年、大家熟悉的老牌烘焙坊。也有很多每個只要 100 多円左右的品項。

MAP P.174 E-4 ☎075-781-5161 ♠京都市左京区田中下柳町 5-1 柳月堂ビル 1F ⏱ 7:30～20:30 🔒週三、六

出汁と米
MUKU Arashiyama
だしとこめ ムクアラシヤマ

香氣豐富的高湯就是關鍵

用羽釜炊煮的米飯、講究
的高湯、每月更換的豆皿
料理等，供應只使用無添
加素材製作的套餐料理。

(MAP) P.185 B-3

☎050-3131-7060

🏠京都市西京区嵐山中尾下町
45 YADO Arashiyama 1F

🕐7:30～15:00 (LO14:00)

🔒不定休

1 附上高湯蛋捲和手作湯豆腐的出汁と米套餐 3500 円 **2** 位在旅館內，非住宿客也可用餐（謝絕未滿 13 歲的孩童）**3** 除了吧檯席之外也有桌席

芋頭燉煮鰹魚

使用國產牛蒡的紅紫蘇牛蒡

蛤仔與生海苔的佃煮

寒鰤柚子味噌燒

炸豆皮蔥燒南蠻煮

Best time

8:00

來吧，掀開暖簾♪探訪使用講究素材的

和風早餐BEST3

色澤誘人的鬆軟米飯和種類豐富的小菜是
最棒的夥伴。一旦把筷子舉起來，就怎麼
也停不下來了

以低溫調理製作的鴨料理主餐，可選擇鴨胸或鴨腿肉

因為使用鴨湯細心炊煮，每一粒米飯都滲入了鮮味

可依照喜好添加藻鹽、抹茶鹽、岩鹽來變換口味

使用鴨肉稀少部位的料理。本日是油封肩肉與鴨心

藉由昆布讓鮮味增幅的鯛魚昆布

鯛魚明太子。很有九州出身的店主風格

風味濃郁的西洋風鯛魚味噌奶油

使用真鯛和鰻魚的韓國風辣醃內臟

OTOMO KYOTO
オトモ キョウト

米飯的美味度倍增

以米飯的配菜為主角的專門店。可品嘗由五星主廚監修的炊煮米飯以及活用京都在地素材製作的味噌湯等品項。

MAP P.175 B-4
☎ 080-6707-3484 京都市上京區馬喰町 911-3 ○ 8:30～10:30、11:30～14:30。週六、日，國定假日 8:30～10:30、11:30～18:00 不定休

1 備有約 40 種小菜，也可以外帶 2 店鋪所在位置鄰近北野天滿宮 3 使用在玄界灘捕獲的鯛魚製作的進化系鯛魚茶泡飯 1200 円

1 鴨 粥 2350 円 ※14:00 ～ 17:30 期間不提供 2 擺放季節花朵裝飾、名為「蹲踞」的日式庭園洗手池 3 放進食用花、宛如寶石般的華蕨餅 1550 円 4 頗具風格的外觀

受歡迎的華蕨餅♪

麓壽庵
ろくじゅあん

登錄為有形文化財的空間讓人看得入迷

直接活用由日本畫家、今尾景年於大正初期興建作為其晚年居所的宅邸。鴨粥的供應時間為週六、日、國定假日的8點以後，平日則是 11 點以後。

MAP P.181 A-3
☎ 075-746-5927 京都市中京區六角通新町西入西六角町101 ○11:00 ～ LO19:00，週六、日、國定假日8:00 ～ LO20:00 無休

Best time
8:00

眺望京都名勝
用 河川景緻 搭配早餐

流經市內的鴨川是人和禽鳥都會在此休憩、如同綠洲般的存在。想不想在河畔度過清爽的早上時光啊？

配料也可以客製化！

❶使用有機小麥製作的「奶油牛奶鬆餅組合餐」2200円 ❷自5月開始至10月底為止，還能在被河風吹拂的戶外納涼床席位用餐 ❸咖啡拿鐵730円 ❹能夠感受廚房活力的1樓座位視野也很棒

PATTERN 1
對岸就是花街祇園，位於歷史悠久的橋梁旁店家
位於團栗橋西側終點旁的摩登美式咖啡兼餐廳。魅力在於各樓層截然不同的氣氛。可以在15點之前的早午餐時段於此悠哉放鬆。

Kacto
カクト
MAP P.180 F-5
☎ 075-341-8787 🏠 京都市下京区斎藤町133 ⏰早午餐8:00～LO15:00、咖啡廳15:00～LO16:00、晚餐17:30～LO22:00 🔒無休（咖啡廳週三公休）

Open
8:00

1 炭烤吐司三明治組合 1980 円
2 在烤網上烘烤的吐司麵包酥脆且口感輕盈
3 5 月～ 10 月，不需要席位費用的納涼床席就會跟大家見面

PATTERN 2

在落成 100 年的摩登町家
品嘗炭烤吐司

使用京都產雞蛋和大量時令蔬菜的早餐不僅適合拍照打卡，營養也均衡，才色兼備正是本店受歡迎的理由。炭烤土司有 4 種選擇。

B STORE 1st
ビーストアファースト

Open 8:00

MAP P.180 F-5
☎075-365-0777 ♠京都市下京区斎藤町140-25 ⊙8:00～ LO10:00、11:30～ LO14:30、17:00～ LO19:30 🔒週三、不定休

PATTERN 3

位於跟弁慶和義經
有淵源的五條大橋附近

以位在另一頭的東山為意象，店內空間選用藍色為基調。提供「煎蛋 & 蔥味噌」、「京風狐狸」等餐點，能輕鬆享用的米漢堡可內用也可外帶。

川間食堂
かわましょくどう

Open 8:00

MAP P.179 A-5
☎075-344-0917 ♠京都市下京区市町141-2 ⊙8:00～ LO17:30 🔒週四

1 以即便冷掉也依舊好吃為賣點的米，是京都的米料亭八代目儀兵衛的產品。在豆皮中加入芥末醬油凍的「京湯葉漢堡」700 円 **2** 自家製檸檬水 600 円

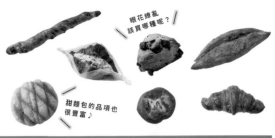

眼花撩亂
該買哪種呢？

甜麵包的品項也
很豐富♪

上午就會賣完，所以一定要來！
想買剛出爐的麵包就造訪

蔚為話題的烘焙坊

在麵包愛好者之間
廣為流傳的小巧烘焙坊

在重視傳統的同時也接
受新的思維與文化、持續
鑽研打磨的京都，是一個
富含進取風氣的城市。窺
進這個和食文化圈裡頭的
「麵包」就是例子之一。
目前已經知道京都的麵包
消費量在全國是位列頂層

的等級。從留存昭和時代
韻味的麵包店，到店鋪規
劃時髦的職人糕點烘焙坊，
只要你走在街上就一定能
跟烘焙坊相遇，而且不管
是哪一家，它們都讓人感
覺已經在該地域落地生根。

在這些店鋪之中，位於河
原町五條附近的「Slō」就
是近期引發話題的一間店。

分別在京都、大阪的烘焙
坊磨練技藝之後，相逢的
鈴江夫婦一起開設了這間
小小的烘焙坊。還不到營
業時間，店門口就會排起
人龍，在中午之前就全部
賣完也是稀鬆平常的情況。
請大家務必安排一個早
點的時間前往。

1 約 10 坪左右的小巧店內空間。只要走進來就會被香氣給圍繞 **2** 山型吐司有時會在週五跟大家見面 **3** 店內擺設也顯露了品味 **4** 從招牌商品到使用當季素材的品項、從硬麵包到鬆軟麵包都應有盡有

Slō
スロウ

每天都想去的店家

「成為一間讓大家漸漸愛上、長年喜愛的店家。」
鈴江篤生與夫人まどか小姐抱持這個理念齊心協力經營。自 2022 年開業後迅速成為人氣店家。

MAP P.179 A-4
☎ 075-708-7815 ♠ 京都市下京区寺町通松原下ル植松町 707-2 ⏰ 9:00 ～（售完即打烊）⏸ 週一、二

○○○ 只要在附近的青年旅宿兼咖啡吧「Len」點一杯飲料，就可於店內享用在「Slō」購買的麵包。

☑ 邊瀏覽櫥窗邊點單的面對面銷
售形式讓人感到欣喜

cream cheese

MILK
milk cream
ミルククリーム
しっとりの菓子生地に
バターを包みます。
仕上げにべラシュガー
¥203-（税込¥220）

很浪費時間發酵させた
ベイクした、ジャリジャリ食感の
ミルククリームで手作りのクリームです。
¥296-（税込¥320-）

Croquant
木の実のクロッカン
バターが香る
カリカリ食感の心菓子。
¥314-（税込¥340-）

Cinnamon roll
シナモンロール
シナモン好きな方に！オススメ！
仕上げはグラッシュガー
¥250-（税込¥270-）

Kaign Amann
クイニーアマン
バターと砂糖を使った
発酵菓子。コーヒーとの相性Good。
¥296-（税込¥320-）

Croissant
クロワッサン
外はパリッシッリ、中はしっとり
Slōのクロワッサンです。
¥222-（税込¥240-）

☑ 不刻意塑造「重點商品」，而
是提供各式各樣、品項多元的
麵包

主要使用
國產小麥

66:00 65:00 15:00

除了咖啡還提供
啤酒和紅酒

極致的美景讓人無法移開視線

療癒的美庭 × 甜點

從日常的喧囂中逃離，來到美麗的庭園。
在甜點的陪伴下，度過幸福無比的時間。

觀賞的重點
漫步在寬廣的庭園中，傾聽潺潺流水聲、感受四季的花卉之美

庭園咖啡廳
1200 円（入場費另計）
可選擇京都村上開新堂出品的俄羅斯蛋糕或原創銅鑼燒等品項

1 以東山的山景為主角，能讓人感受到景深的借景庭園。除了枝葉青翠的時候，也推薦在紅葉時節前來

飲料也有
很多選擇

無鄰菴
むりんあん

借景東山的著名庭園

活躍於明治至大正時代的元老，山縣有朋興建的別莊。是由留下平安神宮神苑等眾多知名庭園作品的庭園師，七代目小川治兵衛負責造園工作。

MAP P.182 E-5

☎ 075-771-3909 ✿京都市左京区南禅寺草川町 31 ⏰ 9:00～ 最後入場 16:30(4～9 月的最後入場為 17:30) ※ 預約優先 ⓢ 600 円（旺季為 900 円～）⏏ 12/29～12/31、亦有臨時休業（請至官網確認）

1園內的流水是從鄰接的琵琶湖疏水引入的 **2**採預約優先制，每小時開放 30 人入場，但不限制停留賞園的時間

◇ ◇ ◇ 無鄰菴也會舉辦「野鳥迷你講座」或季節限定的茶菓子席等相當多樣化的活動。

3 2 1

觀 賞 的 重 點

預約早餐、早午餐或午餐的話，就能進入平時不開放的2樓、3樓房間，一覽庭園之美

1 主屋 1 樓的座敷。請試著從帶有模糊光影的明治時代窗玻璃眺望景緻吧 **2**·**3** 這裡的 2 樓和 3 樓只在特別公開期間開放參觀

自家製濃茶凍
650 円
以濃郁且香氣豐厚的茶凍為中心，洋溢風情的甜品。會附上焙茶

在座敷
（平日限定）
或屬意的西式房間
席位享用

聳立於池畔的糙葉樹據說其樹齡推估約有 150 年，是這裡的象徵樹木

務必關注時尚的設計意象

舊三井家下鴨別邸

きゅうみついけしもがもべってい

與三井財閥有淵源的宅邸

作為三井十一家的別邸於大正 14（1925）年興建，目前已被指定為國家重要文化財。不論是從主屋室內眺望，還是從葫蘆形狀的池子眺望，都能享受到觀賞豐富景色變化的樂趣。

(MAP) P.174 E-4

☎ 075-366-4321 ♠ 京都市左京区下鴨宮河町 58-2 ⊙ 9:00 ～最後入場 16:30 ⑤ 500 円（週六、日，國定假日為 600 円）♠ 週三

想住宿也沒問題的獨享三溫暖空間

目前街頭巷尾掀起了一陣空前的三溫暖熱潮。雖然我們經常看到附設在溫泉地或澡堂的三溫暖室，但如果說到富有京都意趣的京町家與三溫暖融合在一起的設施，或許就能稱之為獨一無二了吧？而且似乎也能當成旅行計畫中的重點。從烏丸御池往西徒步約6分鐘的路程，就能發現一間巷弄深處的隱密店家「MACHIYA:SAUNA KYOTO」，就是一間提供整棟包場服務的三溫暖。在進行「löyly」時痛快地流汗，然後再到冷水池暢快地收縮，試著體驗看看在停留期間隨心所欲感受「熱冷循環」的行程吧。

Best Time
9:00
無論身心都能煥然一新

京町家包場3小時!早晨開啟的
幸福三溫暖時光

IN THE Morning (6:00-10:00)

在別有韻味的坪庭做個外氣浴

◇◇◇MACHIYA:SAUNA KYOTO 的隔壁就是宇治的老舖茶商・丸久小山園的西洞院店。離開時去那邊享用抹茶甜點也是很棒的選擇呢。

MACHIYA:SAUNA KYOTO
マチヤ サウナ キョウト

隱身於街道的三溫暖

將屋齡 160 年的京町家改裝，成為一間整棟包場制的三溫暖。有 3 小時、短時間入住、純住宿等 3 種方案可選擇。

MAP P.181 A-1

☎ 090-9838-9637

🏠 京都市中京區三坊西洞院町 561 西側往內走

💴 三溫暖 3 小時方案每人 8000 円（週六、日、國定假日為 9800 円）🈚休

什麼都不帶也沒問題

備有浴巾、毛巾、ON&DO 的護膚用品等，週六、週日、國定假日會免費提供 Poncho 浴袍。此外也可用 500 円租借女性用、男性用的泳裝

心跳加速……
有點緊張呢

START!

穿過巷弄就來到了京町家

預約與付款都是事前完成，當天只要直接到店就可以了。店家就位於遠離大街喧囂的的寧靜巷弄深處。

三溫暖的醍醐味
「löyly」也是自己來

可以從 3 種精油中選擇喜歡的滴入水中，再淋到三溫暖石上、產生蒸汽

汗水不斷湧出來
進入三溫暖室！

施以水墨風格塗裝、充滿藝術感的牆壁很吸引人。也可以租用泳裝

在2樓的休息室補充水分

除了供應高級綠茶和和菓子之外，選擇 3 小時的方案還能無限暢飲軟性飲料

到冷水池降溫

待過三溫暖室之後就去泡冷水池，然後再回到三溫暖室……重複進行讓自己神清氣爽

忘記了時間的流逝
累了就稍作休息

在躺椅上度過愜意的休憩時光。稍微打個盹也是最棒的奢華享受

感覺能睡得很香
住宿的時候會來到這裡

在 2 樓休息室的深處設有專用的寢室。住宿期間隨時都能使用三溫暖

附設三溫暖的澡堂也超棒！

五香湯
ごこうゆ

浴池的種類也很多樣化

除了三溫暖以外，還有電氣池、按摩池、藥浴池、冷水池等，甚至還設置了稀有的「巴德加施泰因氡 222 礦物池」。

MAP P.177 C-2

☎ 075-812-1126 🏠 京都市下京區柿本町 590-12 ⏰ 14:30 ～ 隔日 0:30、週日 7:00 ～ 隔日 0:00、國定假日 11:00 ～ 隔日 0:00（有可能變更）💴 490 円 🈶 週一、每月第 3 個週二（逢國定假日則營業）

1

2

1 冷水池用水來自天然地下水 2 三溫暖室有高溫和低溫 2 種

無論是懷古還是鮮豔感
都非常上鏡的寶庫

對於想充分享受旅程的
人，絕對要推薦的就是換
上和服的漫遊行程。祇園
＆東山、嵐山、還有這裡
要介紹的岡崎可說是最適
合和服打扮的三大區域。

有古色古香的諸堂、庭園、
水路閣等富含變化的景色
在等候各位的南禪寺；朱
紅色的社殿鮮豔奪目的平
安神宮；以惹人憐愛的兔
子為象徵的東天王岡崎神
社等地都是必訪之處。能
量景點、復古風情、咖啡
廳等旅行的人氣關鍵字都
位在徒步圈的範圍內，是
一個魅力十足的區域。

Best time

10:00

全都是適合拍照的景點！

想穿著**和服**遊覽
就到岡崎去吧

京都美人
的氣質♪

推薦各位
到這裡租用

UME SAKURA
ウメサクラ

URL umesakura.co.jp

大人風正統派和服沙龍

開設於屋齡 100 年的京町家，
每天限定 5 組、完全專人服務的優
質和服沙龍。以其專業眼光挑選的
上等品項與正統派搭配博得好評。

MAP P.184 F-4

☎ 075-432-7677 🏠京都市中京区藤木町 38 ⏰ 9:30～17:30（週
六、日、國定假日為 9:00～）💰正統派和服租借（標準）7800 円～
（和服全套，含著裝、髮型）🔒週二

宛如繪畫的
水路閣

Ⓑ **南禪寺**
なんぜんじ

獲得
御朱印

與四季的絕景相遇

除了壯觀的三門景緻以外，還能看到
方丈和出自小堀遠州之手的枯山水
庭園，盡是值得鑑賞之處。橋上有
水道通過的紅磚水路閣也不能錯過。

MAP P.182 F-5

☎ 075-771-0365 🏠京都市左京区南禅寺福地町 86 ⏰ 8:40～16:40（12/1 ～
2/28 為～16:10）💰境內自由參觀（方丈庭園 600 円、三門 600 円）🔒無休

Ⓐ **Blue Bottle Studio - Kyoto -**
ブルーボトルスタジオ キョウト

與甜點搭配
的組合

品嘗頂級的咖啡

在藍瓶咖啡 - 京都咖啡廳偏屋 2
樓的休憩空間享用預約制的咖啡
套餐（8250 円）。接觸品味咖
啡的新方式與魅力。

MAP P.182 E-5

☎ 075-746-4453 🏠京都市左京区南禅寺草川町 64 ⏰ 10:00～12:00～、
15:30～ 💰視季節而異（請至官網確認）

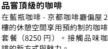

Ⓔ 平安神宮
へいあんじんぐう

王朝的典雅於眼前展現

5　紀念平安京遷都 1100 年而創建。將平安京的正廳‧朝堂院以 8 分之 5 的比例重現的社殿規
6　模相當壯闊。

MAP P.182 D-4

7　☎ 075-761-0221 京都市左京区岡崎西天王町 97 6:00 ～ 18:00（神苑為 8:30 ～ 17:30 ※ 視季節而異）境內自由參觀（神苑 600 円）無休

還有原創的御朱印帖

Ⓒ 蹴上傾斜鐵道
けあげいんくらいん

於明治遺產的鐵道上散步

為了讓小船能夠跨越途中的高低差、往來於連結琵琶湖與京都城的琵琶湖疏水而建造了這條傾斜式鐵道。現在可以在其遺址上自由漫步。

MAP P.182 E-5

櫻花、紅葉，還有青紅葉♪

好可愛的兔子神籤♡

抹茶（附和菓子）770 円

Ⓕ 菓子‧茶房 チェカ
かし‧さぼう チェカ

在 2 樓度過咖啡時光

位於京都市動物園旁的人氣洋菓子店。可以用原創和咖啡或抹茶等飲品來搭配手作甜點享用。夏天還會販售剉冰。

MAP P.182 E-4　☎ 075-771-6776　京都市左京区岡崎法勝寺町 25 10:00 ～ 18:00（LO17:00）週一、二

Ⓓ 東天王 岡崎神社
ひがしてんのう おかざきじんじゃ

兔子是神明的神使

以庇佑求子與安產而聞名的神社。被視為神明使者的兔子是這裡的象徵，境內四處都可以看到兔子的意象。

MAP P.182 E-4　075-771-1963　京都市左京区岡崎東天王町51 9:00 ～ 17:00境內自由參觀

ART POINT
豬目窗
這裡的愛心形狀乃是擁有除災、招福意涵的「豬目」紋樣

正壽院
しょうじゅいん

愛心形窗戶是傳統紋樣

大約於 800 年前創建的高野山真言宗寺院。祭祀每 50 年才公開亮相一次的秘佛本尊和快慶製作的不動明王像。

[MAP] P.173 C-5 ☎0774-88-3601
🏠綴喜郡宇治田原町奥山田川上 149 ⏰9:00～16:30（12月～3月為10:00～16:00）💰600円（附和菓子）🔒無休

Best time
想要在不同的季節到訪

10:00 宛如藝術品的窗子引人注目!

源光庵
げんこうあん

表示佛之教誨的兩扇窗戶

創建於室町時代的大德寺二世隱居處。透過兩扇形狀不同的窗戶，演示了佛教的真理。

[MAP] P.175 B-1 ☎ 075-492-18 58 🏠京都市北区鷹峯北鷹峯町 47 ⏰ 9:00～17:00 💰 400 円 🔒會有適逢年節活動而謝絕參觀的日子

ART POINT
妄念之窗、悟道之窗
四方形的「妄念之窗」代表四苦、圓形的「頓悟之窗」則象徵了大宇宙

◇ ◆ ◇妝點正壽院客殿整面天井的 160 幅鮮艷天井畫也相當受歡迎。(→ P.71)

讓人不禁為之屏息的幻想風景

雖然直接眺望四季原本的色彩就很不錯了，但如果透過窗戶欣賞的話就會感到別有一番風味。隨著季節、天氣、時間的變動，窗戶上所出現的景色也會截然不同，可以說是一期一會的相遇就在那裡等待著我們。因為愛心形的「豬目窗」而一躍成為人氣場所的正壽院，位處距離宇治市有一段距離的宇治田原。雖然交通方面要花上一段時間，不過是一間值得大家特地走訪一趟的寺院。來到源光庵，先從四方形的「妄念之窗」看出去，接著再從圓形的「頓悟之窗」眺望，乃是正確的觀賞方法。全於近來成為大眾話題的風山祐齋亭，透過亮晶晶的桌面映照出的「倒影景色」也非常值得關注。各位想不想面向越是眺望就越感舒心，特色各有不同的美麗窗子，度過專屬於你的個人時光呢？

嵐山 祐齋亭
あらしやまゆうさいてい

染色藝術×嵐山的風光
染色創作者奧田祐齋先生充分活用落成已超過150年、充滿意趣的建築物作為染色工作室使用。宅邸內有相當多的可看之處。

(MAP)P.185 A-2　☎075-881-2331　⊙京都市市右京区嵯峨亀ノ尾町6　⊙10:00～18:00　⑰2000円　🔒週四(11月無休)

ART POINT
圓窗的房間
塗漆的桌面映照出嵐山的風景，呈現出幽玄感的氛圍

關關起舞的
雲中供養菩薩

平等院
びょうどういん

MAP P.186 B-5 ☎ 0774-21-2861 🏠 宇治市宇治蓮華116 ⏱ 境內 8:30 ～ 17:30(入場截止 17:15)、鳳翔館 9:00 ～ 17:00(入場截止 16:45) ¥ 700 円(鳳凰堂內部另計 300 円) 🈚無休

1日本 10 元硬幣上的圖案就是鳳凰堂 **2**充滿躍動感的雲中供養菩薩像,鳳凰堂和鳳翔館加起來合計有 52 尊 **3**本尊阿彌陀如來坐像是佛師‧定朝的作品 © 平等院

Best time
10:00

歷女和抹茶LOVER必訪!
前往《源氏物語》的舞台‧宇治!

Visit 01
光源氏原型的別墅就在這裡!?
源融被認為很可能是光源氏的原型人物。他的別墅就是平等院的前身

前往洋溢王朝浪漫的故事最終章舞台

回溯到平安時代,有宇治川流經、風光明媚的宇治是貴族們嚮往的別莊區域。紫式部的作品《源氏物語》中的最終章〈宇治十帖〉選擇了宇治作為舞台,描述遠離都城而居的貴族女性和與光源氏有所淵源的兩位貴公子之間的愛情故事。各位可以沿著河邊的漫步道散步,在這裡跟平等院、宇治神社、宇治市源氏物語博物館等和《源氏物語》相關的景點相遇,讓思緒馳騁於故事的世界。同時,宇治也作為日本有名的茶產地而聞名,開設了許多能品嘗抹茶甜點的店家。只要踏上平等院的表參道或是和宇治橋接續的主要道路,立刻就會被周遭飄出的茶香給圍繞。大家想不想在這個會刺激五感的城市悠閒地四處走走呢?

宇治十帖的紀念雕像

1設置於朝霧橋邊的宇治十帖紀念雕像 **2**朱紅色的橋梁就是散發平安風雅的朝霧橋。從橋上往下俯瞰宇治川,河水流速意外地快,很有魄力 **3**也務必要造訪位列世界遺產的宇治上神社 (→ P.46)

◇ ◇ ◇來到平等院鳳凰堂一定要進入堂內參觀。可以體驗平安貴族所憧憬的「極樂淨土」世界。

青紅葉和紅葉都很美麗

Visit 02

宇治川畔的兔子神社

源自於本社祭神領路傳承的回首兔是幸運的象徵

宇治神社
うじじんじゃ

回首兔的御朱印500

神使回首兔

刻有《源氏物語》裡中君思慕亡父與姊姊大君而寫下的詩文〈早蕨〉的石碑就立在境內的北側。

繪馬上面也是回首兔

MAP P.186 B-5 ☎ 0774-21-3041 ♠宇治市宇治山田1 ◎♦境內自由參觀

Visit 03

宇治市源氏物語博物館
うじげんじものがたりミュージアム

能夠穿越到平安時代！

能體驗當時戀愛的關鍵「窺看」以及源氏香

親近《源氏物語》的世界

透過建物格局、用具擺設、牛車等展示品和影片等,來演示故事以及其時代背景。

MAP P.186 B-4 ☎ 0774-39-9300 ♠宇治市宇治東內45-26 ◎ 9:00～17:00(入場截止～16:30) ◎ 600円 ♦週一(達國定假日則隔日休)

京阪宇治駅
宇治川
宇治市源氏物語ミュージアム
辻利兵衛本店
JR宇治駅
中村藤吉本店
宇治橋
宇治上神社
平等院
宇治神社

宇治抹茶芭菲〈宇治譽れ〉
1936円
濃茶霜淇淋、抹茶戚風蛋糕等品項的綠色漸層相當漂亮

辻利兵衛本店
つじりへえほんてん

不要錯過庭院的景觀

創業160多年的宇治茶老鋪。將原本的製茶工廠改裝成和風摩登風格咖啡廳,能品嘗到香氣濃郁的抹茶甜點。

MAP P.186 A-5 ☎ 0774-29-9021 ♠宇治市宇治若森41 ◎10:00～18:00(LO17:00) ♦週二

Visit 04

抹茶甜點的兩大名店都在這裡！

可以在最主要的兩大抹茶甜點聖地品味極富意趣的空間氛圍

彈嫩口感不容小覷

貢兔菓子當伴手禮

抹茶醬讓味道有了變化♪

招牌商品生茶凍[抹茶]1380円,使用了大量優質抹茶來製作。

中村藤吉本店
なかむらとうきちほんてん

生茶凍必吃！

活用明治至大正期間的茶商屋敷所打造的店內空間,可在此享受人氣抹茶甜點和抹茶體驗的樂趣。

MAP P.186 A-5 ☎ 0774-22-7800 ♠宇治市宇治壱番10 ◎ 10:00～17:30(咖啡廳 LO16:30)、視季節而異 ♦ 1/1

Best time
10:00

積極地參拜以獲得庇佑

在提升戀愛運的神社
挑戰結緣任務！

Mission
01

藉由「結文」來締結良緣！

想在歷史悠久的神祕神社祈求戀情圓滿！

在擁有淵遠流長歷史的京都，也存在於許多能帶來形形色色庇佑的神明。貴船神社的神明因為實現了和泉式部的良緣心願，以其跨越千年的實績享譽盛名。下鴨神社的攝社・河合神社祭祀了能實現追求身心之美願望的神明。上枝頭變鳳凰經歷的女阿玉飛上傳源自蔬菜店之女阿玉飛傳源自蔬菜店之女阿玉飛上枝頭變鳳凰經歷的「玉之輿神社」，也就是今宮神社。請大家在描繪自己期盼的理想樣貌的同時，也能一邊灌注心意、前往心有所屬的神社吧。

賀茂神社則是有紫式部也曾經前去參拜過的結緣之神社鎮此地。其他還有相

授予所
位於本宮

貴船神社
きふねじんじゃ

和泉式部也參拜過

奉祀水之神明的貴船神社。平安時代的歌人・和泉式部曾造訪這裡並實現了心願，自此之後便以締結良緣而聞名。

MAP P.186 B-4
☎ 075-741-2016 🏠 京都市左京区鞍馬貴船町 180
🕐 6:00～20:00(視季節而異)
🈚 無休

1 坐落於本宮上游的結社是締結良緣的神社。可將寫下願望的結文綁上去 **2** 結守文型 1000 円 **3** 結守袋型 1000 円 **4** 限定款吸油面紙 400 円

1

◇ ◇ ◇ 在貴船神社，可以用浸泡神水後就會浮現神明指引的「水占籤」來占卜戀愛運勢。

鏡繪馬
800円

1

2

河合神社
かわいじんじゃ

下鴨神社的攝社

祭祀被譽為擁有玉石般美貌的玉依姬命。效仿神明，祈求身心都能變得更加美麗。

MAP P.174 E-3
☎075-781-0010（下鴨神社）
♠京都市左京區下鴨泉川町59 下鴨神社境內 ⏰9:00～16:00 🔒無休

1‧**2**仿照手鏡模樣的「鏡繪馬」，可以用手邊的化妝用具或現場提供的色鉛筆邊想像自己理想中的容貌邊畫上去，最後奉納給神明

Mission 02
藉由「鏡繪馬」來變漂亮！

Mission 03
來實現戀情！
藉由「結緣繪馬」

1

縁むすび
片岡社

上賀茂神社
（賀茂別雷神社）
かみがもじんじゃ
（かもわけいかづちじんじゃ）

紫式部也參拜過

祭祀除厄之神‧賀茂別雷神。境內的片岡社相傳是紫式部也參拜過的結緣神社。

MAP P.175 C-1
☎075-781-0011 ♠京都市北區上賀茂本山339 ⏰二之鳥居內 5:30～17:00、樓門內 8:00～16:45 🔒無休

1畫有取自紫式部形象、身穿十二單的女性的結緣繪馬 500円 **2**保佑身體健康的身守各 1000円

取自神紋意象的愛心形♡

1

2

1玉之輿御守 800円 **2**神占石「阿呆賢大人」

2

今宮神社
いまみやじんじゃ

嫁給將軍的阿玉小姐

相傳是源自蔬菜店之女阿玉一躍成為江戶幕府三代將軍家光的側室，之後生下五代將軍綱吉的逸聞。

MAP P.175 C-2
☎075-491-0082 ♠京都市北區紫野今宮町21 ⏰9:00～17:00 🔒無休

Mission 03
藉由「玉之輿的庇佑」來獲得幸福！

平安神宮的門前×
宛如巴黎市集的氣氛真是引人入勝!

享受市集的祕訣

☐ 想挖寶的話就要鎖定早上的時段

☐ 隨身攜帶用來裝戰利品的袋子

親手拿起那些
被發掘出來的可愛寶物!

除了京都以外,還有從美國、歐洲、亞洲等地一路旅行至此的骨董們,種類有餐桌用具、雜貨等實用品項,相當豐富。因為店鋪每個月都會變動,讓人很期待下一次活動的舉辦!

Best time

10:00

因為是巴黎的姊妹都市嘛

逛完**骨董市集**以後
再來場講究的野餐

平安蚤之市

へいあんのみのいち

每月
舉辦

尋找命運的品項

就像是京都的姊妹市巴黎的跳蚤市場那樣,寄託了世界各地喜愛老東西之人的意念,於2019年開幕。每個月舉辦1次,會有超過100間的攤商開業。

MAP P.182 D-4

☎070-1745-1503 (平安蚤の市実行委員会) 🏠京都市左京区岡崎最勝寺町 岡崎公園 平安神宮前廣場 ⌚9:00～16:00

這次的京都旅行要配合「市集」的日子?

京都的寺院和神社幾乎每個月都會在各式各樣的緣日舉辦活動。在身為文化區域的岡崎,每個月也都會於平安神宮應天門前的岡崎公園搭起大量的帳篷。以骨董貨為中心,讓人得以沉浸在尋找一期一會的寶物的氛圍裡頭。各位不妨提前向位於會場徒步範圍內的博物館咖啡廳「ENFUSE」預約野餐方案,也別忘記外帶名店「LA VOITURE」的絕品反烤蘋果塔,在逛完市集之後來場藍天白雲下的野餐活動。

到了 11 點就可以進行野餐準備了!

享受野餐的祕訣

☐ **上官網確認並且提前預約**

☐ **下雨天也可以選擇內用**

知名的
反烤蘋果塔♡

反烤蘋果塔
800 円
整塊塔用了超過 20 顆
的蘋果,烘烤到呈現焦
糖色的逸品。

將被正宗產地認證的
絕品反烤蘋果塔當成戰利品享用

LA VOITURE
ラヴァチュール

正宗產地法國也認可的逸品
創業超過 50 年的古典風咖
啡廳。自上一代經營者奶奶
那裡繼承而來的知名品項反
烤蘋果塔,濃縮了蘋果的美
味。
(MAP) P.182 D-4　☎ 075-751-
0591　🏠京都市左京区聖護院円
頓美町 47-5
🕐11:00 ～ 18:00(LO17:30)
🔒週一、不定休

美術館附設咖啡廳的
可愛餐點組能讓野餐更加有趣!

這個市集很棒!

上賀茂手作市集
かみがもてづくりいち

每月
第4週日

於世界遺產的境內舉行
每個月都會在名列世界遺產的上賀茂神
社內開辦的手作市集。會以流經境內
的河川沿岸為中心,販售器皿、雜貨、
甜點等變化多端的品項。人聲鼎沸,
熱鬧非凡。
(MAP) P.175 C-1　☎075-864-6513 (株式会
社クラフト)　🏠京都市北区上賀茂本山339
上賀茂神社境內　🕐9:00 ～ 15:00

ENFUSE
野餐方案
2300 円～

春、秋兩季的期間限定方
案。必須於 3 天前的 19
點之前進行預約。便當套
餐和三明治套餐都能選擇
1 種飲料

要在
哪邊吃呢?

ENFUSE
エンフューズ　　　　　　　　P▶74

灰白色調的美術館咖啡廳
位在京都市京瓷美術館主入口旁邊的咖
啡廳。從午餐到咖啡時間,提供以京都
食材為中心的菜單。也會和展覽一起推
出聯名點心。

5　6　7　8　9　**10**　11　12　13　14　15　16　17　18　19　20　21　22　23　0

夷川餃子なかじま 団栗店
えびすがわぎょうざなかじまどんぐりてん

爽口的京都餃子
使用京都ぽーく的豬肉和國產蔬菜製作的餃子，
1 人份 380 円。好吃到讓人停不下筷子。

MAP P.180 F-5 ☎ 075-533-4126 ⛩京都市東山区団栗
通大和大路西入六軒町 206-1 ⏰ 11:30～LO13:30、
17:00 ～ LO22:30 🔒無休

◇◇◇ 團栗橋的旁邊就是鴨川。吃飽喝足以後，就到鴨川河畔坐下來吹吹河風，心情會變得舒暢喔。

三溫暖×最強美食的夢之饗宴

三溫暖獻上的
餃子&白晝啤酒!

完全預約制的包場令人安心
將水淋在三溫暖石頭上以產生水蒸汽的「löyly」也能依個人喜好享受

大汗淋漓之後就來杯啤酒乾杯!

剛煎好的多汁餃子配上冰涼的啤酒,是無論是誰都會認同的最佳搭檔!位處祇園的餐飲街之中的橡實會館1樓的「夷川餃子なかじま団栗店」的深處,就準備了一處在大家認可性或女性,自誕生以來已經有許多人都被其給擄獲了。從大白天開始就能享用三溫暖&澡堂提供的餃子&啤酒,接下來再到館內的第二間、第三間店續攤,喝個過癮。

地流個汗的特別設施。這個讓人難以想像的聯名合作,其名稱為「ぎょうざ湯」(餃子湯)。不分男美食美酒的至高瞬間以前,可先在三溫暖&澡堂痛快

踏進冷水池真是暢快!
冷水池的水似乎是汲取鴨川水系的地下水。因為是軟水,對肌膚比較溫和

前往仰望天空的露天浴池
浴池的一側做成傾斜式,可以充分伸展背部。也準備了休憩用的椅子

橡實會館

1F	三溫暖、冷水池、ぎょうざ湯
1F	夷川餃子なかじま 団栗店
2F	京都サムゲタンととっとり
2F	鉄板 BDY フジサン、シロトクロ
2F	酒と肴 MURO

從四條大橋南邊的團栗橋往東即抵達。將留存昭和氣息的建築物改裝再生、於2022年誕生的複合式餐飲設施。除了韓國料理、鐵板燒、和食、紅酒的店家之外,還能享受只有這裡才有的深度「京都飲」。

ぎょうざ湯
MAP P.180 F-5
☎ 075-533-4126 京都市東山区団栗通大和大路西入六軒町 206-1 ◎ 10:00～23:20(1日7組,80分鐘換場制)※週二 12:00～ 無休

引頸期盼的瞬間就在眼前
在澡堂和三溫暖為身心排毒之後,再用期待已久的餃子&啤酒乾杯一杯!

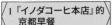

1 『イノダコーヒ本店』的京都早餐

有散發 奶油香氣的可頌麵包、鬆鬆的炒蛋、獨門製作的豬腿肉火腿等，色彩繽紛美麗的正統派。1680 円（〜 11:00）

厚厚的煎蛋 令人雀躍不已

什麼都有的 理想早餐

2 『喫茶チロル』的雞蛋三明治

只用鹽調味的樸實煎蛋與麵包的柔軟度相輔相成。清脆的小黃瓜口感是重點所在。800 円

靠憧憬的名店讓情緒為之高揚

咖啡廳的早晨時光

集結獲得在地人們喜愛的人氣店家！讓自己的內心和胃袋獲得滿足吧。

4 『COFFEE HOUSE maki』的早餐套餐

在麵包裡面裝早餐!?

大量配料 真讓人開心

把挖空的吐司麵包當成容器來盛裝沙拉，很可愛的一道餐點。塗抹自家製沙拉醬和奶油的吐司也非常美味。780 円

3 『梅香堂』的小倉奶油鬆餅

令人懷念的過往口味。擺上顆粒紅豆餡和冰淇淋，分量滿點。930 円。9月中旬〜 5月中旬期間限定販售

鬆鬆軟軟〜♡

4
COFFEE HOUSE maki
コーヒー ハウス マキ
MAP P.174 D-4
☎ 075-222-2460 ●京都市上京区河原町今出川上ル青龍町 211 ◐8:30〜LO16:30 🔒週二

3
梅香堂
ばいこうどう
MAP P.185 C-4
☎ 075-561-3256 ●京都市東山区今熊野宝蔵町 6 ◐10:00〜LO17:30 🔒週二、週一不定休

2
喫茶チロル
きっさチロル
MAP P.177 C-1
☎ 075-821-3031 ●京都市中京区門前町 539-3 ◐8:00〜16:00 🔒週日、國定假日

1
イノダコーヒ本店
イノダコーヒほんてん
MAP P.180 D-2
☎ 075-221-0507 ●京都市中京区堺町通三条下ル道祐町 140 ◐7:00〜LO17:30 🔒無休

外部酥脆、內部鬆軟的法式吐司，富含雞蛋的風味。敬請享受搭配自家焙煎的咖啡一同享用的美味協調。750 円

6『スマート珈琲店』的法式吐司

毫不油膩、口感鬆軟的甜甜圈淋上糖漿，營造出濕潤的風味。請使用刀叉來享用。980 円

5『koé donuts kyoto』的入口即化草莓甜甜圈

smart

要多淋一些
自家製的糖漿喔 ♡

優勝的
視覺感 ♕

擺上從附近的山梨製餡進貨的大納言紅豆顆粒餡。冰淇淋也能更換成沙拉。搭配飲料共 900 円

7『やまもと喫茶』的紅豆餡吐司

8『パンとエスプレッソと京と』的紅豆奶油吐司

紅豆餡和奶油
是無敵的 ♡

掺入藻鹽作為重點的「鹽紅豆餡吐司」厚片版本，再擺上紅豆餡和打發奶油。搭配飲料共 1000 円

連冰淇淋也一起擺上去嘍!?
紅豆餡和冰淇淋的最強組合!

8	7	6	5
パンとエスプレッソと京と	**やまもと喫茶**	**スマート珈琲店**	**koé donuts kyoto**
パンとエスプレッソとほんじつの	やまもときっさ	スマートコーヒーてん	コエドーナツキョウト
MAP P.184 D-3 ☎075-746-2995	MAP P.176 E-1 ☎075-531-0109	MAP P.180 E-2	MAP P.180 E-4 ☎075-748-1162
京都市中京区指物屋町371 ⏰8:00～18:00(LO17:00) 🚪不定休	京都市東山区白川北通東大路西入ル石橋町307-2 ⏰7:00～16:30 🚪週二、不定休	☎075-231-6547 🏠京都市中京区寺町通三条上ル天性寺前町537 ⏰8:00～19:00、2F的午餐11:00～LO14:30 🚪無休(午餐週二休)	京都市中京区新京極通四条上ル中之町557 京都松竹阪井座ビル1F ⏰9:00～20:00 🚪不定休

1 京菜味のむら 錦店
きょうさいみのむらにしきてん

(MAP) P.180 D-4
☎075-252-0831
京都市中京区麩屋町
通錦小路下ル梅屋町
513 ⊙8:00～
LO14:30 無休

竟然能如此漂亮

1 『京菜味のむら 錦店』
的雅御膳

將以蔬菜為主的 12 種御番菜裝進
色彩繽紛的玻璃器皿，奢華的御膳
料理。附上招牌菜色的湯葉丼和味
噌湯，1800 円。其他還有 1500
円的朝雅御膳可選擇。

要從哪個
開始吃呢？

2 『富小路粥店』
的中華雞肉粥

發揮老舖和食店「御料理めなみ」技巧的一
道餐點。將高湯加入以雞骨高湯炊煮的米飯
後上桌。900 円（御番菜 1 品為 150 円～）

滲入溫和的京都風味

和風的早餐

活用高湯特色的口味令人驚豔。
向各位介紹每天都想吃一次的嚴選早餐。

2 富小路粥店
とみのこうじかゆてん

(MAP) P.180 D-5
☎075-744-0662
京都市下京区徳正
寺町41-2 ⊙7:00～
16:00 週三

讓早上的身體
充分吸收…

3 一乗寺中谷
いちじょうじなかたに

(MAP) P.174 F-2
☎075-781-5504 京都市
左京区一乗寺花ノ木町 5
⊙9:00～18:00（茶屋 LO 17:00）
週三

3 『一乗寺中谷』的
京雑煮多彩飯

加入圓餅麻糬的京風白味噌雜煮，在品嘗
前要先撒上柴魚片。附上活用和菓子製作
材料所烹煮的赤飯和芝麻豆腐。1150 円

這就是京都的風味

満満的
柴魚片

4 『鰹節丼專門店 節道』的
最高級名物鰹節丼A定食

富有香氣的最高級柴魚片,分量多到就快
要垮下來了。最後可用高湯茶泡飯來為用
餐收尾。1000 円～

4 鰹節丼專門店 節道
かつおぶしどんせんもんてん ぶしどう
(MAP) P.180 D-2
☎ 075-744-0758
🏠京都市中京区道祐町 135-1 三条
食彩ろおじ
🕐7:00 ～ 15:00(LO14:30)
🔒不定休

5 『僧伽小野 京都淨教寺』
的朝御膳 (紫雲)

營養滿點!
真開心♡

正統派的早餐♪

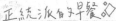

除了用羽釜炊煮的米飯之外,還附
上僧伽散壽司飯、本日烤魚、生麩
田樂、高湯蛋捲、涼拌豆腐泥、芝
麻豆腐等。2530 円 (早餐無法預
約)

5 僧伽小野 京都淨教寺
さんがおのきょうとじょうきょうじ
(MAP) P.180 E-5 ☎075-708-8868 🏠京都
市下京区寺町通四条下る貞安前之町620
番 三井ガーデンホテル京都河原町浄教寺
2F　🕐6:30～LO10:30、11:00～LO
14:30、17:00 ～ LO20:00 🔒無休

五彩繽紛,太可愛了

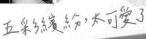

6 『花梓侘』的
小巧壽司

使用抑制甜味的紅醋製作的醋
飯,搭配昆布漬鯛魚、醃漬鮪
魚、生湯葉等素材,隨季節調整
的壽司。15 貫 3630 円 (附豆
味噌湯、甜點)

6 花梓侘
かしわい
(MAP) P.174 D-2
☎ 075-491-7056 🏠京都市北区小
山下内河原町 3-3　🕐9:00 ～
LO10:30、11:30～LO13:30。外帶
9:00 ～ 17:00 🔒週三,每月第 2 和
第 4 個週二

一天的開始就很Sweet

早晨的甜甜餐點

從一早就大快朵頤甜食的奢華氣氛。
營造一段特別的甜蜜時光。

一早就這麼奢華!!

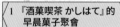

1 『酒菓喫茶 かしはて』的 早晨菓子聚會

提供以水果為中心、合計 4 道品項的餐點。附迎賓飲料，3800 円。必須於 3 個營業日之前預約

1 酒菓喫茶 かしはて
しゅかきっさ かしはて

MAP P.182 F-2 ☎無 🏠京都市左京区浄土寺上南田町 37-1 ◎早晨菓子聚會 10:00 ～ 12:00、咖啡廳 12:30 ～ LO16:00 🔒週三、不定休

2 お菓子 つくる
おかし つくる

MAP P.175 C-3 ☎ 075-205-3878
🏠京都市上京区瑞光院前町 36-2 ◎請至官方 Instagram 確認 🔒週一、二，不定休

2 『お菓子 つくる』的 鬆餅

用平底鍋仔細煎過，所以兼具紮實的咬勁和蓬鬆的口感。吃第一口的時候請一定要嘗嘗看原本的味道。860 円

又鬆軟又彈嫩…!

剛煎好的♡♡♡

民見鬆軟

3 『loose kyoto』的甜甜圈

以國產全麥麵粉等講究素材製作的甜甜圈，和自家焙煎的咖啡是最佳組合。原味甜甜圈 250 円、拿鐵 550 円

3 loose kyoto
ルース キョウト

MAP P.178 D-4
☎070-8364-3221 🏠京都市東山区清水4-163-6 ◎9:00 ～ 18:00 🔒不定休

滿滿的蔬菜真令人開心

超幸福的晨時光

4 『Lignum』的 起司吐司

將切達和卡門貝爾兩種起司烤到黏稠牽絲的人氣餐點940円。可另加660円選購培根或羽衣甘藍沙拉

4 Lignum
リグナム

MAP P.182 D-5
☎075-771-1711
🏠京都市左京区岡崎円勝寺町 36-1 1F ⏰平日9:00～18:00·假日 8:00～18:00 🔒週一

5 『THE CITY BAKERY』的 CB Breakfast

1298円。這道紐約風格早餐所附的麵包,可以加價把吐司換成扭結可頌麵包

身處紐約的氣氛

再來杯咖啡配著享用

烘焙坊咖啡廳

熱騰騰剛出爐、酥脆或鬆軟的麵包,組合成能夠滿足五感的早餐。

5 SCHOOL BUS COFFEE BAKERS
スクール バス コーヒー ベイカーズ

MAP P.184 D-4 ☎075-585-5583 🏠京都市中京区少将井町 240 Hyatt Place Kyoto 1F ⏰8:00～19:00(早餐 LO10:30、午餐 11:30～LO15:00) 🔒不定休(烘焙坊專區僅週二營業)

6 THE CITY BAKERY 京都四条寺町
ザ シティ ベーカリー きょうとしじょうてらまち

MAP P.180 E-5 ☎075-606-5181
🏠京都市下京区寺町通仏光寺上ル中之町569 ⏰8:00～19:00 🔒不定休

6 『SCHOOL BUS COFFEE BAKERS』的 校車巴士麵包

根據店名切成校車巴士形狀的吐司,可愛度真是獨一無二!很適合與炒蛋做搭配。1500円(每日限定 15份)

一早就活力滿滿

京都24H

瓦版

早報

收錄了正因為是京都所以才要推薦的內容。如果早晨就過得很充實的話，旅行的滿足感也會跟著大幅提升。

旅行的起點就從這裡開始，妥善運用

朝活來巡禮！

讓旅程變得更加充實的特別訣竅

出發前先登上標高100m的京都塔展望室，試著模擬當天的目的地和路線會更有效率。此外，可以自由上下車的觀光路線巴士「Sky Hop Bus 京都」也會大有幫助。若是前往嵐山，可事先確認能夠於福田美術館開館前30分鐘提前入場的「朝活票」相關情報。

福田美術館
ふくだびじゅつかん
(MAP) P.185 B-2 ☎ 075-863-0606 ♠京都市右京区嵯峨天龍寺芒ノ馬場町3-16 ⊙10:00～17:00(入館～16:30)、朝活票購買者為 9:30～ ⊙1500円 ⊗展品更換期間、年始年末

Sky Hop Bus 京都
スカイホップバスきょうと
(MAP) P.185 B-4
☎ 075-286-8844(服務時間 9:30～18:00) ※僅於營運日服務 ♠乘車處為京都駅烏丸口のりば(定期觀光巴士乘車處) ⊙3 條路線從 8:40～17:00 共有 16 班次(截至2024年5月底的資料) ⊙1日券 4000 円

超爽快的360°全景視野！

京都塔
きょうとタワー
(MAP) P.185 B-4
♠京都市下京区烏丸通七条下る ⊙10:00～21:00(最後入場20:30) ⊙900円 ⊗無休

出了京都車站後，迎接各位的就是地標京都塔。

IN THE *Morning* (6:00~10:00)

一早就是好心情！

超可愛♡的

早餐

用炭爐烘烤的貓咪模樣吐司

eXcafe 祇園新橋店限定的「eXcafe 的早餐」1650 円，能將包含焦糖、黑可可、原味等3 種風味在內的三毛貓樣式吐司放到炭爐上依喜好烘烤。這款一早就讓人怦然心動的餐點還附上2串糰子和飲料。

想去目前受矚目的區域就前往

宇治吧！

因為大河劇而再次變得熱門的宇治

宇治作為《源氏物語》中宇治十帖的舞台而受到關注。在世界遺產宇治上神社可以奉納祈願人形或選購多種顏色的兔子神籤。另外也還能嘗試品所未有、印象嶄新的「焙煎抹茶」。

正統派的焙煎、石臼研磨抹茶。飲料、甜點多達 30 種

全5色的兔神籤

抹茶ロースタリー
まっちゃロースタリー
(MAP) P.186 A-5 ☎0774-34-1125 ♠宇治市宇治妙楽146 ⊙10:00～17:30(LO17:00) ⊗無休

宇治上神社
うじかみじんじゃ
(MAP) P.186 B-5 ☎0774-21-4634 ♠宇治市宇治山田59 ⊙9:00～16:30 ⊗無休

eXcafe 祇園新橋
イクスカフェぎおんしんばし
(MAP) P.179 C-1 ☎075-533-6161 ♠京都市東山区元吉町57-1 ⊙9:00～18:00(早餐～11:00) ⊗不定休

用紅豆和奶油畫出貓臉

到寺院淨化身心 試著挑戰坐禪！

在祇園的寺院
調整心靈

有間聳立於京都最古老的禪寺·建仁寺境內，名為兩足院的塔頭寺院，世人相信能帶來勝運、生意興隆、締結良緣等庇佑。包含新手也能參加的坐禪會在內，該寺一直走在時代的尖端，今後將成為眾人注目的對象。

兩足院
りょうそくいん
[MAP] P.179 C-3
☎ 075-561-3216 ◎京都市東山區大和大路通四条下ル四丁目小松町 591 建仁寺山內
◎請至官網確認

可愛的虎神籤

夏季期間限定！在世界遺產二條城 享受早晨觀光＆早餐

在平時不公開的空間享用特別的早餐

二條城由德川家康所興建，也是發表大政奉還的重要歷史舞台。每年夏季約有2個月的期間，城內的香雲亭會提供完全預約制的和風早餐方案。請務必到官網確認！

料理的內容會每年變更

元離宮二條城
もとりきゅうにじょうじょう
[MAP] P.175 C-5
☎ 075-841-0096 ◎京都市中京區二条城町541 ◎8:45～16:00（閉城17:00）◎12/29～12/31

※照片僅供參考

剛開門時連空氣都如此清新 早晨參拜庇佑就更大！？

大清早就先參拜知名的神社或寺院

清水寺、東寺、龍安寺等登錄為世界遺產的寺社或史蹟，在京都就有17處。至於其他受歡迎的寺院和神社，一旦到了周末，早上9點就湧入大量參拜人潮的情況也並不罕見。既然來到京都，就趁定寺社大門剛開啟、信眾比較少的時間前往一訪吧。不僅空氣新鮮、環境安靜，還很適合好好拍照，好處多得不得了！以拜開啟一天的行程，心境也變得海闊開天空，讓人能夠實際感受到「早起的鳥兒有蟲吃」的意涵呢。

平安神宮
へいあんじんぐう
P▶29

上賀茂神社
かみがもじんじゃ
P▶35

清水寺
きよみずでら P▶14

照片提供：清水寺

早上的參拜列表
※可能有視季節而更動時間的情況

北野天滿宮	7:00～→P.73
西本願寺	5:30～
東本願寺	5:30～
清水寺	6:00～→P.14
平安神宮	6:00～→P.29
下鴨神社	6:00～→P.16
東寺	8:00～→P.161
上賀茂神社	5:30～→P.35
龍安寺	8:00～
南禪寺	境內自由參觀
伏見稻荷大社	境內自由參觀→P.15

京 都 的 白 晝
AROUND

Noon
11:00 - 13:00

在充分享受了清爽的早晨時光以
後,不妨沿著哲學之道或清水寺參
道漫步,或是造訪期盼已久的店家
吃頓午餐。還可以前往京町家或鴨
川、貴船或大原等地,感受每個區
域無與倫比的氛圍。

來到「手鞠鮨と日本茶 宗田」（→ P.78），圓滾滾的可愛壽司向我們訴說了季節的推移變化

也能聽見
鳥鳴聲♪

Best time
11:00
盡情享受美麗的寺社以及咖啡廳時光
哲學之道與沿途散步

1 樹蔭很多，很適合散步 **2** 櫻花盛開之際，水面也染上一片淡紅色 **3** 山門遍布青苔、意境深邃的法然院 **4** 設置了重要地點的指引看板，能夠毫不遲疑地前往

由四季的色彩跟流水編織而成的道路

位於南禪寺往北12分鐘左右路程的若王子橋，從這裡直到銀閣寺橋之間約1・5km的路程就是所謂的哲學之道。會被稱做這個名字是源自於很喜歡這條路線的哲學家・西田幾多郎。流經此地的琵琶湖疏水沿岸會染上滿溢春夏秋冬四季風情的色彩，特別是歌頌浪漫春天的櫻花，以及描繪出紅色與黃色漸層景觀的紅葉時節，都是絕對要親眼欣賞一次的獨特美景。各位也能造訪坐落於周邊的寺院或神社，並且順道前往沿途的咖啡廳或商店等，沉浸於自己的思緒之中，怡然自得地悠閒漫步。

哲學之道
てつがくのみち
MAP P.182 F-2

🌸🌸🌸 過了櫻花盛開期之後，飄散的花瓣漂浮在流水上形成的「花筏」風情也美不勝收。

安樂寺②

THE DINNER ③

銀閣寺 ←

哲學の道

鹿ケ谷通

大豐神社 ①

南禪寺 ▶

於對外開放期間營運的咖啡廳，在這裡好好放鬆吧

① 1罕見的狛巳（蛇）能夠庇佑財運提升
2山茶花開花的季節就能看到這麼可愛的景象

2

也能帶來良緣喔

② 安樂寺
あんらくじ

寺院咖啡廳

參觀僅限對外開放期間

除了櫻花、杜鵑花、皋月杜鵑、紅葉的季節，其餘時間並不對外開放。山門前的石階染上一片紅色的「散紅葉」景觀也非常有名。

(MAP) P.182 F-3 ☎075-771-5360 🏠京都市左京区鹿ケ谷御所ノ段町21 ⏰10:00～16:00 🔒僅於春季和秋季開放

① 大豐神社
おおとよじんじゃ

狛鼠

不是狛犬而是狛鼠！

源自古事記中關於祭神大國主命被老鼠幫助的逸聞，所以鎮守社殿前的是狛鼠。境內還有狛巳（蛇）、狛猿、狛鳶、狛狐。

(MAP) P.182 F-3 ☎075-771-1351 🏠京都市左京区鹿ケ谷宮ノ前町1 ⏰境內自由參觀（社務所9:00～17:00）🔒無休

分量十足啊！

1由店主親手操刀的店內空間洋溢開放的氣圍 2起司牛排三明治 1430 円

③ THE DINNER

ザダイナー

古民家晚餐

想大吃一頓時的最棒去處

曾在美國生活的店主提供以費城在地料理為基礎、大顯身手的餐點。對於麵包也非常講究。

(MAP) P.182 F-3 ☎無 🏠京都市左京区鹿ケ谷法然院町16-2 ⏰12:00～18:00 🔒週三

銀閣寺（慈照寺）

法然院 ④

ボンワール京都 ⑨

brown eyes coffee ⑥

哲学の道

⑤ Salon de thé Mercredi

鹿ヶ谷通

酒菓喫茶 ⑧ ⑦ GOSPEL
かぢはて

南禅寺 ▶

分量與口感兼具

1

2

⑤ 法國點心

Salon de thé Mercredi
サロンドテメルクルディ

主題就是點心

將大家相當熟悉的雜貨店，忘我亭翻新，開設了法國點心店。憑藉正統派風味一躍成為人氣名店。

MAP P.182 F-2
☎ 075-771-5541 🏠京都市左京区浄土寺上南田町86 忘我亭哲学の道 1F
⏰ 10:00～17:00（沙龍 12:00～）🔒不定休

1將切好的血橙摻入麵團的國王餅 500円 **2**使用可頌麵團的葡萄乾螺旋麵包 500円

瀰漫靜謐之美的境內

④ 法然院
ほうねんいん

藝術的白砂壇

請關注表現水的白砂壇

由法然上人與弟子所蓋的草庵。山門前方有左右成對的白砂壇，據說從中間通過就代表獲得了淨化。

MAP P.182 F-2
☎ 075-771-2420 🏠京都市左京区鹿ケ谷御所ノ段町 30
⏰ 6:00～16:00 🔒無休（伽藍僅能於特別公開時參觀）

土藏咖啡廳

⑥ brown eyes coffee
ブラウン アイズ コーヒー

由落成120年的土藏改裝

在保留土壁和梁等古老優質素材的同時改裝為時髦的風格。手沖咖啡和自家製起司蛋糕廣獲好評。

MAP P.182 F-2
☎ 080-5355-2020 🏠京都市左京区銀閣寺町 81
⏰ 10:30～LO16:30
🔒週三

🌸🌸🌸 造訪 Salon de thé Mercredi，建議選擇能夠近距離欣賞哲學之道美景的小小露天席。

司康與紅茶的組合

BGM也令人舒心♪

⑦ GOSPEL
ゴスペル

古典韻味的洋館咖啡廳

這棟布滿爬牆虎的洋館是由沃里斯建築事務所設計。可以在挑高 4m 的開放空間度過優雅的時光。

MAP P.182 F-2 ☎ 075-751-9380 ❖ 京都市左京区浄土寺上南田町 36 ⊙ 12:00 ～ 18:00 🔒 週二、不定休

早晨菓子聚會（→ P.44）♪

融合亞洲和西歐意趣的裝潢也顯露出品味

酒與喫茶店

填入了當令素材

⑧ 酒菓喫茶 かしはて
しゅかっきっさ かしはて

尋找剛出爐的甜點♡

得能めぐみ小姐於京都的人氣店家磨練和菓子製作技術與感性之後所開設的咖啡廳。能品嘗到活用洋酒和香料特色的成熟風味。 P▶44

❶本日芭菲 1550 円～。這一天的品項是集結黃色系水果的黃色芭菲 **❷**擁有溫和甜味的馬薩拉茶。摻入蘭姆酒的蘭姆馬薩拉茶也很受歡迎

和風氣息洋菓子店

感覺很適合當成伴手禮

⑨ ボノワール京都
ボノワールきょうと

京町家風格的店鋪結構

樣式豐富、手掌心大小的板狀巧克力「千代あつめ」，其追求京都之美的設計真的非常出色。

MAP P.182 F-2 ☎ 075-771-1010 ❖ 京都市左京区銀閣寺町 75-1 ⊙ 10:00 ～ 17:00（視季節而異）🔒 週二、三

❶千代あつめ 各 454 円。包裝是華麗的和風圖案

只是閒逛就太可惜了！

清水寺門前通的
甜點＆咖啡廳巡禮

東山的象徵
八坂塔

接著要去
哪邊拍照？

最上鏡頭的石板路雅緻散步行程

前往清水寺參拜是平安時代流傳下來的準則。二坂前的夢見坂、產寧坂、延伸到八坂、產寧坂，都是格外散發古都風情的道路。特別是產寧坂，那些被指定為重要傳統建造物群保存地區的景觀，至今依然被人們所守護。參道的沿途有京都伴手禮店、能方便外帶的甜點店、令人放鬆的咖啡廳等類型豐富的店鋪櫛比鱗次。若是能換裝成和服打扮的話，走在這裡不僅和周遭風景相當契合，還能加深對這趟旅程的記憶。

♣ ♣ ♣ 想要盡情體驗古都情懷，除了租借和服之外，也推薦換裝成舞妓的服務。

054

經由坂道散步遍覽清水名物

SNS上相度
1000%！

奉納捆猿
以祈求願望實現

八坂庚申堂
やさかこうしんどう
(MAP)P.178 D-4
☎075-541-2565 ♠京都市東山区金園町390
🕘9:00～17:00 ⑤境內自由參觀

蘋果糖 680 円
也有切好的品項

魅力所在的正統派蘋果糖
爽脆的口感也是

代官山 Candy apple 清水二坂店
だいかんやまキャンディー アップル きよみずにねんざかてん
(MAP)P.178 E-4
☎075-606-4230 ♠京都市東山区桝屋町351-11-5
🕘10:30～18:30 無休

新舊店鋪
令人雀躍無比♪

二坂（二年坂）
にねざか（にねんざか）
(MAP)P.178 E-4

章魚燒
各 320 円

是固定行程
在八坂塔前拍紀念照

まめものとたい焼き 清水店
まめものとたいやききよみずてん
(MAP)P.178 D-4
☎075-746-5255 ♠京都市東山区中道通松原上る
月輪町94 🕘10:00～17:00 無休

咖啡牛奶
650 円

附設選物店的
咖啡站

日東堂
にっとうどう
(MAP)P.178 D-4
☎075-525-8115 ♠京都市東山区八坂上町385-4
🕘10:00～18:00 不定休

洋溢茶之魅力的
茶飲吧

雲之組合
1280 円

雲ノ茶 清水三年坂店
くものちゃきよみずさんねんざかてん
(MAP)P.178 E-4 ☎075-551-5570 ♠京都市東山区
産寧坂松原る入清水 3-317 🕘10:00～18:00(週
六、日，國定假日～18:30) 無休

霜淇淋
650 円

可頌是
招牌品項

和風素材×巴黎的
麵包＆甜點

LIBERTÉ PÂTISSERIE BOULANGERIE 京都清水店
リベルテ パティスリー ブーランジェリー　きょうときよみずてん
(MAP)P.178 E-4
☎075-606-4030 ♠京都市東山区清水2丁目208-9
🕘10:00～17:00 (可能提前或延後) 無休

CHAKARO
各 410 円～

能看見八坂塔的
高台寺境內咖啡廳

French cafe CHASEN 高台寺
フレンチ カフェチャセン こうだいじ
(MAP)P.178 E-3
☎075-366-5905 ♠京都市東山区下河原町526 高
台寺境內 🕘11:00～LO20:30 無休

宛如寶石般的
季節更替和菓子

串和菓子
1串 500 円

伊藤軒／SOU・SOU 清水店
いとうけん ソウソウきよみずみせ
(MAP)P.178 E-4
☎0120-929-110(代表號) ♠京都市東山区清水
3-315 🕘10:00～18:00 不定休

花街祇園的
町家 × 滿滿季節蔬菜的
蒸籠料理

打開蓋子熱氣
就竄了出來

祇園 ふじ寅
ぎおん ふじとら

滋味豐富的和風午餐

以精選的京都素材為中心。能品
嘗到從西陣的ベジサラ舍進貨的
新鮮蔬菜、京都ぽーく的肉品、
炊飯等 3 種蒸籠料理。

季節蔬菜蒸籠飯 2750 円，附
上使用うね乃的高湯製作的湯
品和抹茶奶凍

MAP P.180 F-5 ☎ 075-561-3854 ♠京都市
東山区宮川筋 1-231-1 ⦿午餐 11:00~16:30、
喫茶 14:00~16:30、晚餐 17:00~22:00 ※ 週
二、四的午餐與喫茶~ 17:30 🔒週三

Best time
12:00

手作風味絕對不會讓人失望！
品鑑京都韻味♡町家午餐

說到符合京都特質、讓人心情平
靜的場所，那就是町家了。讓我
們鎖定那些好評店家一訪吧。

原豆腐店的
町家 × 京野菜
御番菜盤

請大家輕鬆地
來用餐吧

京丹波的雞蛋布丁
也很推薦♪

豆腐漢堡排和京
野菜的御番菜盤
1350 円。營養
相當均衡，讓人
每天都想吃

食と森
しょくともり

美味且符合SDGs

灌注了店主認真應對永續發展議題的思
維、對身體和環境都很溫和的午餐盤
料理獲得了好評。可在保存大正時代
風韻的空間裡享受幸福的時刻。

MAP P.185 B-3
☎080-4703-4028 ♠京都市下京区蛭子水
町605 ⦿11:30 ~ LO14:00 🔒不定休

◇◇◇「食と森」的店主出身自獲得星等評比的義大利與法國料理餐廳。口味自然不多說，美麗的擺盤也擄獲了顧客的心。

鄰近錦市場的摩登町家 ✕ 時髦的洋食與自家焙煎咖啡

1 RUFF 套餐 2640 円。除了漢堡排、炸蝦、配菜之外還附上 3 種麵包
2 1 樓和 2 樓都有位子,非常寬敞 **3** 喫茶店布丁 660 円

甜點的評價
也很好

懷舊口味的
布丁♡

RUFF
ルフ

大大滿足的分量

能夠吃到剛出爐麵包的烘焙坊咖啡廳。店內分量滿點的午餐盤,美味的關鍵就在於配合麵包構思的醬汁。

MAP P.181 C-3 ☎075-746-2883 🏠京都市中京区高倉通錦小路上ル貝屋町564
⏰11:00 ～ 18:00 🔒不定休

屋齡100年的町家 ✕ 老鋪酒造的發酵食餐盤

午餐盤 2500 円。除了酒粕葡萄乾奶油和酒粕奶油起司等隨著季節變換的 12 種熟食之外,還附上了酒粕濃湯、炊飯、酒粕費南雪

純米酒粕 玉乃光
じゅんまいさけかす たまのひかり

著眼於酒粕的可能性

由位於產酒之鄉伏見的玉乃光酒造推出的餐廳兼商店。將只拿米和米麴去製作的「純米酒粕」用於料理的午餐盤,可充分享受發酵食物的風味。

MAP P.176 D-2
☎075-352-1673 🏠京都市下京区因幡堂町658-1 ⏰11:30 ～ LO13:30、17:00 ～ LO21:30 🔒不定休

在京都就能沉浸於異國氛圍之中！
藉由午餐輕鬆地來趟 海外旅行

富含進取風氣、世界各地食物都在此集結的國際都市。高人氣午餐令人下意識地踏上想像之旅！？

1. **巷弄裡的咖啡廳獻上蔬菜豐富的韓國餐點**

AROUND **Noon** (11:00〜13:00)

1 使用從韓國進口的田舍味噌製作的大醬湯配上小鉢配菜的「五樑飯床」2200円 **2** 自家製五味子茶 1000 円 **3** 三色煎糕 1500 円。這是模仿小石頭外觀的韓國傳統甜點

@KOREA

1

3

感受一下5種味道

Rico cafe
リコカフェ

母親的味道令人安心

位於自家經營的英語會話學校1樓，販售韓國餐點與韓國甜點的咖啡廳。店主的母親曾開設人氣韓國料理店，其正統的手藝口味獲得好評。

MAP P.177 C-1
☎ 075-432-8907 ♠ 京都市中京区西ノ京南聖町17-17 ⏰ 11:00 〜 17:00（週二無午餐）🔒 週一、日

2

◆◇◆◇ 說到韓國料理就給人燒肉或超辣料理的印象，實際上也有很多大量使用蔬菜和發酵調味料的菜色。

@FRANCE

1 Paris 咖啡廳套餐（限定 10 份）3850 円。可另加 880 円的前菜 **2** 位於鴨川旁的隱密咖啡廳

2. 在小小的閣樓房間裡享用**巴黎**的咖啡廳套餐

Le cafe de benoit
ル カフェ ド ブノワ

宛如電影中的畫面

由曾多次旅居當地、熱愛法國的店主所經營。外觀美麗的咖啡廳套餐引發了話題。餐點附季節水果和飲料。

(MAP) P.180 F-1
☎無 🏠京都市左京区川端通二条下ル孫橋町 31-14 ⊙9:00～LO14:00(1 時制)
🔒週日、一、國定假日。另有不定休

---

3. 效仿異國**巴黎巴嫩**的油炸鷹嘴豆餅！

汽
き

每天都想吃的健康餐

由法國出身的店主開設的人氣店家。將以阿拉伯料理為根源、活用香料與香草的料理夾進皮塔餅裡面享用。

(MAP) P.179 A-5
☎075-585-4224 🏠京都市下京区都市町149
⊙8:00～LO9:45、11:00～LO14:45、晚餐供應時間請見官方Instagram
🔒週三

1 雞肉沙威瑪＋油炸鷹嘴豆餅 2300円。碳化的蔬菜皮揉進麵團後形成了皮塔餅的灰色 **2**、**3** 店內氣圍是現代風格

> 好吃到欲罷不能

@LEBANON

---

4. 香料風味令人上癮的**印度炊飯**

ビリヤニ専門店 INDIA GATE
ビリヤニせんもんてん インディア ゲート

與日式素材的調和

在宛如酒吧的空間享用的最受歡迎餐點，就是用鯛魚高湯炊製的雞肉印度香料飯。用鯛魚剩餘部分萃取的高湯所炊煮出來的米飯，總讓人感受到和食的風味。

(MAP) P.181 B-4
☎075-708-2414
🏠京都市中京区天神山町271 ⊙11:30～21:00 🔒週三

> 全部放一起也 OK

@INDIA

1 店內只有吧檯席位 **2** 鯛魚高湯雞肉印度香料飯 1400円。附麻婆豆腐、印度醃漬小菜

Best time

12:00

盡享一流的盛情款待與京野菜♡

一定要預約

旅館午餐

絕景與精緻的款待
令人難以壓抑雀躍的心

開設於滋養京都市街
的國家史蹟‧琵琶湖疏
水旁的「ふふ京都」於
2021年開業。在這
個隨處由自古以來一路
繼的日本美意識所點綴的
小型奢華渡假村（Small
Luxury Resort），館內洋
膳」。

溢著以和為基礎卻帶有時
尚的氣氛。附設的餐廳「庵
都」裡的窗邊席位可說是
具有獨有空間感的特等席，
能面向充滿四季更迭風韻
的日本庭院。在這裡，各
位能夠享用匯集活用在地
京野菜和當令食材所製作的
料理、模樣可愛的「福重

福重膳 -悠- 3800円
小鉢料理9品 烤物 御飯 庵都汁
旅宿ふふ京都的招牌料理，福重膳，其名涵蓋
了「福氣重重累積」的祈願意涵。著名品項庵
都汁是以白味噌製作的湯品，裡面放入京豆腐、
豬肉、九條蔥，是一道口味豐富的逸品。
※ 需要於 2 天前預約

京野菜と炭火料理 庵都
きょうやさいとすみびりょうり いほと

顯露和風精粹的隱秘店家
MAP P.182 E-5
☎075-754-3326 🏠京都市左京区南禅寺草川町41 ふふ
京都1F ⏰午餐11:30～LO13:30 ※預約制 🈚無休

❁❁❁除了含生魚片、散壽司、甜品在內的福重膳「彩」之外，也能品嘗到全餐形式的會席料理。

1 吧檯席與桌席之間的隔間以及每天變換的插花擺飾等空間表現意象都很美。2 有鯉魚悠游的池水。這裡的水是從琵琶湖疏水引進來的。3 和在吧檯席服務的料理長談天也很有意思

自古以來為京都帶來恩惠的鴨川，以及可說是鴨川源流的京都奧座敷・貴船，兩處都擁有不同意趣的「床」文化，可以在那裡度過一段涼爽的午餐時間。

鴨川納涼床的最強重點

☑ 能在鴨川沿岸用餐
☑ 因為位處市街，交通非常便利
☑ 約有90間店家，而且類型相當多樣化
☑ 5～10月底的夜晚也能體驗
　（午餐視各店鋪而異）

吹過河川的風
讓人心曠神怡♪

鴨川納涼床

1 納涼床的營運時間是5～10月底 2 窯烤瑪格莉特披薩 1600円，可搭配 1200円～的前菜（品項會視時期而異）

也會附上甜點

1 可以選擇法式鹹派、披薩、義大利麵等主餐，再搭配飲料和甜點的套餐 1600円 2 能遙望位在鴨川另一頭的東山

アモーレ木屋町
アモーレきやまち

町家義大利餐廳
即使是在道地的菜單之中，用窯烘烤的披薩還是特別受歡迎。店家也準備了品項豐富的紅酒。

MAP P.179 B-3 ☎075-708-7791 🏠京都市下京区木屋町通り仏光寺下ル泉屋町161 🕐11:30～LO14:30、17:00～LO21:30 🔒無休

KAWA CAFE
カワ カフェ

京都與法國的融合
將町家改裝成現代風格的咖啡廳，從午餐時段一路營業到BAR TIME，中間不休息。會配合時間帶來提供餐點。

MAP P.179 A-3 ☎075- 341-0115 🏠京都市下京区木屋町通松原上ル美濃屋町176-1 🕐10:00～隔日0:00 🔒不定休

❀❀❀「鴨川納涼床」是在流經鴨川西側的禊川上設置高架座席、「貴船川床」是直接設置在貴船川上。兩者特徵各異其趣。

夏日的午餐就選這裡了！
最強的川床是哪一邊呢？ 鴨川vs貴船

貴船納涼床的最強重點
- ☑ 能在貴船川清流的正上方用餐
- ☑ 即便是夏季也依然很涼爽
- ☑ 以20間左右的京料理店家為中心
- ☑ 可於5～9月體驗

貴船的川床

流水聲
就是 BGM ♪

❶只用自家製酒粕奶油製作的酒粕最中 600 円～ ❷使用手摘山野草的自家製「花之檸檬水」900 円

兵衛 Cafe
ひょうえカフェ

最適合初次的川床體驗

由料理旅館「兵衛」開設的休閒風咖啡廳，即使只點 1 杯咖啡也沒問題。不必預約可以直接前往的便利性是本店的魅力所在。

MAP P.186 B-3 ☎075-741-3077 🏠京都市左京区鞍馬貴船町101 ⏰11:00～LO16:00 ⑤川床席費用500円 🔒不定休

❶川床懷石料理 9900 円～（含服務費）可以吃到香魚和石川鮭魚等河川的珍味 ❷流水濺起了水花，令人倍感清涼

貴船 右源太・左源太
きふね うげんた・さげんた

洋溢京都情懷的懷石料理

鄰近貴船神社的右源太為料理旅館、位於上游的左源太則是季節料理餐廳。顧客能在設置於店鋪前的川床品嘗注心製作的懷石料理。

MAP P.186 B-3 ☎075-741-2146 🏠京都市左京区鞍馬貴船町76 ⏰兩階段制，午餐為11:30 和14:00 開始、晚餐為17:00 和17:30 開始，LO18:00 🔒不定休(5～9月無休)

5
10
12
13
14
15
16
17
18
19
20
21
22
23
0

somushi ohara
ソムシ オオハラ

使用無農藥的溫和食材

山口店主在自己居住的地域以
「希望能讓大家在自然中感受到
真正的療癒」為理念開設。主要
使用從自家農田採收的蔬菜。
[MAP] P.186 B-2　☎075-205-
1361 🏠京都市左京區大原來迎
院町118 ⏰11:00～16:00 🔒週
一～二
位於能聽到流水聲的高野川河
岸，舒適感無與倫比！推薦各
位選擇戶外席

素夢子古茶家重新開業
前三條室町的人氣咖啡廳

SPECIAL LUNCH
somushi 韓式拌飯
2000 円
米飯、雞蛋、蔬菜全都是
無農藥栽培。魅力在於不
僅美味還能吃得安心

和米飯拌在
一起享用

Best time
12:00

美食家悄悄造訪的地方就是這裡
郊外的大人風午餐@大原

於比叡山山麓開展而出的大
原之里。洗鍊的名店陸續增
加中，讓人無法忽視！

1 能夠欣賞流利的調
理作業的吧檯是特等
席 2 劈啪劈啪……薪
柴燃燒時偶爾發出的聲
響讓人心情平靜

薪柴充滿無限
大的可能性

出色的柴燒料理×
自然釀造葡萄酒

la bûche
ラ ブッシュ

店名就是法文中的「薪柴」

提供分別巧妙地運用火
烤、炙烤等調理技巧，
將大原的在地食材提取
出最大限度魅力的柴燒
料理。
[MAP] P.186 B-2
☎075-600-9196 🏠京都市
左京區大原來迎院町400-
3 ⏰12:00 ～17:30 ～，請
於前一天20:00前預約 🔒週
二、不定休

SPECIAL LUNCH
午餐
※ 需要於 2 天前預約
8800 円
包含前菜、甜點等總計
7 道菜的主廚搭配套
餐。今天的主餐是鹿肉

✿✿✿「la bûche」的酒窖準備了以自然釀造葡萄酒為中心的約 500 種項目！可以從中選擇 1 支自己喜愛的酒。

於屋齡130年的古民家
品嘗以蔬菜為主角,滋味蘊含深度的料理

わっぱ堂
わっぱどう

午餐為完全預約制

從店主親自栽培的蔬菜到使用的米,全部都是不使用農藥或化學肥料的大原當地生產作物。能享用到運用當令素材製作的創作料理。

MAP P.186 A-1 ☎ 075-744-3212 🏠京都市左京區大原草生町102 🕐12:00～14:00、週六、日為11:30～或是13:30～ 🔒週一

SPECIAL LUNCH
午餐套餐
3500 円(未稅)
關於餐點內容的構成會根據預約時與客人的討論來構思

夏天可以看到紅紫蘇田!

わっぱ堂

わっぱ堂

la bûche

Somushi ohara

KULM

三千院

由地藏菩薩來指路

在咖啡廳小憩一下

吃完午餐就順道來這裡!

KULM
クルム

河岸邊的寧靜咖啡廳

除了使用在地蔬菜的午餐以外,甜點和自家製飲料等品項也很多元。本店也設有露天席。

1 本日綠咖哩 1100 円
2 自家製檸檬水 600 円

MAP P.186 B-2 ☎ 090-9234-0070 🏠京都市左京區大原來迎院町117 🕐11:30～不定休、17:00~22:00(需預約) 🔒不定休

三千院
さんぜんいん

奉祀國寶・阿彌陀如來三尊

天台宗的門跡寺院。以由樹木與苔癬交織而成的清園為首,有非常多值得欣賞的地方。

MAP P.186 C-2
☎ 075-744-2531 🏠京都市左京區大原來迎院町540 🕐9:00～17:00(11月為8:30～、12到1月為～16:30) 💰700円 🔒無休

找出自己
屬意的東西

は『観山堂』的
豆皿1000円～
可以依據喜好來
盛裝和菓子、醬
菜、辛香料、拌飯
配料等等

每樣東西
都想入手♪

い『かづら清老舗』的
木梳子8360円
特製山茶花油
（傳統瓶裝）
100ml2145円

避免乾澀、讓頭
髮更容易梳開，
還能用來護膚的
萬能油

每天持續使用就能
讓頭髮變得更加滑
順有光澤

混合白檀、丁
香等多種香
氣、總共有5
種配色的芳香
丸

に『尾張屋』的芳香丸
1顆198円

ろ『石黒香舗』的
香氣袋1個473円～
可以挑選京友禪或西
陣織的小袋和繩子、
香氣等，製作出獨一
無二的香氣袋

Best time
13:00

無論外觀還是使用時的心情都超棒！
想當成裝飾的京都小物

像是能實現化身憧憬的京都美人願望
的配件或和風文具等，這裡將為大家
介紹能每天陪伴我們的優質小物。

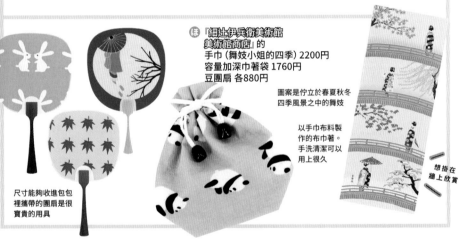

ほ『細辻伊兵衛美術館
美術館商店』的
手巾（舞妓小姐的四季）2200円
容量加深巾著袋 1760円
豆團扇 各880円

圖案是佇立於春夏秋冬
四季風景之中的舞妓

以手巾布料製
作的布巾著。
手洗清潔可以
用上很久

想掛在
牆上欣賞

尺寸能夠收進包包
裡攜帶的團扇是很
寶貴的用具

ろ 尾張屋
おわりや

祇園的香氣商品專門店

從能在房間裡享受香氣的點火類
型，到可以放置隨身包或衣櫥內
的香品，提供各式各樣的香品項。

MAP P.176 E-1
☎075-561-5027 🏠京都市東山区新
門前通大和大路東入ル西之町201 ⏰
8:00～19:00 🔒不定休

は 観山堂
かんざんどう

位於祇園骨董街的店家

開設在新門前通的古美術店，有
許多能用於日常生活的老物器
具。能為每天的餐桌添加更有意
思的情景。

MAP P.176 E-1 ☎075-561-0126 🏠
京都市東山区新門前通大和大路東入
西之町207 ⏰10:30～18:00（有可能
變更）🔒週三

ろ 石黒香舗
いしぐろこうほ

全國唯一的香氣袋專門店

從巾著、手機掛繩、裝飾品擺件到
防蟲香，各種形式的「香氣袋」商
品一應俱全。隨身攜帶一個、放
入自己喜愛的包包吧。

MAP P.180 D-2
☎075-221-1781 🏠京都市中京区三
条通柳馬場西入桝屋町72 ⏰10:00
～18:00 🔒週三

い かづら清老舗
かづらせいろうほ

舞妓們的愛用商家

創業超過150年，販售與女性頭
髮相關的各種小物。推薦選購由
五島列島產的山茶花萃取製作的
山茶花油護膚＆護髮用品。

MAP P.179 C-1 ☎075-561-0672 🏠
京都市東山区祇園町北側285 ⏰
10:00～18:00 🔒週三

☆☆☆「永楽屋」的手巾可以裱框後作為牆上掛飾，還能拿來包禮物，根據巧思不同帶來多樣化的運用樂趣。

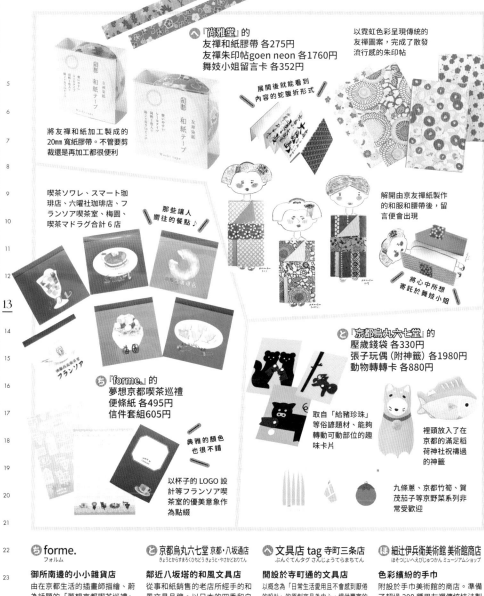

『尚雅堂』的
友禪和紙膠帶 各275円
友禪朱印帖goen neon 各1760円
舞妓小姐留言卡 各352円

以霓虹色呈現傳統的友禪圖案，完成了散發流行感的朱印帖

將友禪和紙加工製成的20mm寬紙帶。不管是剪裁還是再加工都很便利

展開後就能看到內容的蛇腹折形式

喫茶ソワレ、スマート珈琲店、六曜社珈琲店、フランソア喫茶室、梅園、喫茶マドラグ合計6店

那些讓人嚮往的餐點♪

解開由京友禪紙製作的和服和腰帶後，留言便會出現

『京都烏丸六七堂』的
壓歲錢袋 各330円
張子玩偶（附神籤）各1980円
動物轉轉卡 各880円

將心中所想寄託於舞妓小姐

『forme.』的
夢想京都喫茶巡禮
便條紙 各495円
信件套組605円

典雅的顏色也很不錯

取自「給豬珍珠」等俗諺題材、能夠轉動可動部位的趣味卡片

裡頭放入了在京都的滿足稻荷神社祝禱過的神籤

以杯子的LOGO設計等フランソア喫茶室的優美意象作為點綴

九條蔥、京都竹筍、賀茂茄子等京野菜系列非常受歡迎

ち forme.
フォルム

御所南邊的小小雜貨店

由在京都生活的插畫師描繪、蔚為話題的「夢想京都喫茶巡禮」系列，是以6間在京都廣受喜愛的喫茶為設計意象。

(MAP) P.184 F-4
☎無 ⌂京都市中京区東櫃木町126-2 1A ⊙13:00～17:00(有可能變更) ⊖週日、一

と 京都烏丸六七堂 京都・八坂通店
きょうとからすまろくひちどう きょうと・やさかどおりてん

鄰近八坂塔的和風文具店

從事和紙銷售的老店所經手的和風文具品牌。以日本的四季和自古承襲的風俗習慣為概念，並藉由貼畫等手法來表現。

(MAP)P.178 D-4
☎075-708-5926 ⌂京都市東山区星野町93-28 ⊙10:00～18:00 ⊖不定休

て 文具店 tag 寺町三条店
ぶんぐてんタグ さんじょうてらまちてん

開設於寺町通的文具店

以概念為「日常生活愛用且不會感到厭倦的設計」的原創商品為中心，提供豐富的商品選擇。也有許多目前人氣扶搖直上的和風文具專門店「尚雅堂」的商品。

(MAP)P.180 E-2
☎075-223-1370 ⌂京都市中京区寺町通竹屋町523-2 ⊙10:00～19:00 ⊖無休

と 細辻伊兵衛美術館 美術館商店
ほそつじいへえびじゅつかん ミュージアムショップ

色彩繽紛的手巾

附設於手巾美術館的商店。準備了超過200種用友禪傳統技法製作的現代風圖樣手巾。也販售以手巾布料製成的小物。

(MAP)P.181 B-2
☎075-256-0077 ⌂京都市中京区室町通三条上ル役行者町368 ⊙10:00～19:00 ⊖無休

13:00

想要靜下心來鑑賞

華美的寺院藝術

讓人遺忘了時間

以其莊嚴的存在感攝獲觀者心靈的天井畫和拉門畫，表現了佛的世界。鑑賞之前請先去禮敬本尊吧。

AROUND *Noon* (11:00-13:00)

「祈禱的天井畫」

1 常滑燒地藏菩薩 1 尊 1300 円 2 配合季節的御朱印 1000 円 3 祈禱之蝶能量御守貼紙 600 円

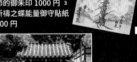

尊陽院
そんよういん

淨化心靈的天井畫

(MAP) P.175 C-3

畫有夢幻的蝴蝶和花卉的天井畫是出自於藝術家 mais 小姐之手的創作。其中傾注了引導人們遠離苦痛、與花卉一同昇華的思維。

☎075-414-1500 ⛩京都市上京区本法寺前町 650-3 ⏰10:00 ～ 16:00 ¥300円 🔓無休

◇◇◇ 尊陽院乃是住持以及其身為尼僧的妻子將荒廢的寺院以「打造成向陽之地般的場所」為理念再生後的成果。和風摩登的空間令人驚艷不已。

070

1 天井畫裡面有 4 幅舞妓的畫，請試著找看看吧 **2** 在本堂吃點可愛的點心，稍微歇息一下

正壽院
しょうじゅいん

躺下來欣賞也OK

設置愛心形豬目窗的客殿有 160 幅天井畫。繪製了傳統紋樣和花鳥風月等題材。
P▶30

隨心院
ずいしんいん

小野小町的生涯

被譽為絕代美人的歌人，小野小町度過晚年生活的寺院。拉門的圖畫描繪了小野小町的生涯和目前寺院的樣子。

MAP P.173 C-4
☎075-571-0025 ⊙京都市山科区小野御晝町35 ⊙9:00 ～ 16:30 ⊙境內自由參觀 (本堂參觀、梅苑入圓各500円) 🔒不定休

1 京都的繪畫團隊「だるま商店」的作品 **2** 繪馬 500 円

『極彩色梅匂小町繪圖』

1 嶄露頭角的藝術家木村英輝先生的作品 **2** 坐在榻榻米上望過去就是剛好適合鑑賞的視線高度

青蓮院門跡
しょうれんいんもんぜき

以蓮為主題的三部作

在可以眺望庭園的華頂殿中有多達 60 面、以「青之幻想」、「生命讚歌」、「極樂淨土」為意象的創作。

MAP P.176 E-1
☎075-561-2345 ⊙京都市東山区粟田口三条坊町69-1 ⊙9:00 ～ 16:30 ⊙600円 🔒無休

『青之幻想、生命讚歌、極樂淨土』

充滿玩心的
花手水發祥之地

柳谷觀音 楊谷寺
やなぎだにかんのん ようこくじ

本尊是能治癒眼睛的觀音菩薩

在寬敞的境內設有「龍手水」、「庭手水」、「戀手水」、「琴手水」、「苔手水」等5處花手水。能看到配合不同場所所做出的變化。

[MAP] P.173 A-5
☎075-956-0017 ⌂長岡京市淨土谷堂の谷2 ⏰9:00～16:30 ¥500円（視季節而異）🚫無休

Best time

13:00

午後的療癒時光

四季變換的花手水

真是可愛無比！

讓寺院和神社更加迷人的新感覺花卉藝術

「花手水」那華麗又鮮豔的模樣不僅讓人大吃一驚，而且還會忍不住笑逐顏開。原本手水舍（所）的水是為了讓人們在參拜神佛之前透過清洗雙手和口來潔淨身心而設置的，但近年來因應社會趨勢，水

上漂浮著四季花卉的寺院與神社似乎也隨之增加了。「花手水」這個詞彙，原本是源自於以花草上的露水代替水來清潔雙手這層發想。看向悄悄告知季節已經轉變的可愛花朵們，感覺心中的煩悶焦躁也跟著被淨化了。

秋　春　冬　夏

除了在拜訪的季節裡盛開的花卉之外，也會配合情人節、萬聖節、聖誕節等一年四季的節慶活動進行變化。自由奔放的發想令人驚艷。

✿✿✿ 在「柳谷觀音 楊谷寺」的 Instagram 上能看到許多截至目前為止登場過的花手水。御朱印也相當吸引人。

072

就像是插花一樣!
充滿藝術性的立體感

北野天滿宮
きたのてんまんぐう

祭祀學問之神的古社

這裡是全國約有 1 萬 2000 間、
祭祀菅原道真公的天滿宮・・天
神社的總本社。除了以京都首屈
一指的知名賞梅景點廣為人知以
外,最近花手水的人氣也在逐步
攀升中。

MAP P.183 C-3
☎ 075-461-0005 🏠京都市上京区
馬喰町 ⊘ 7:00 ～ 17:00(視季節而
異)⑤境內自由參觀 🔒無休

每週更換兩次,
不管何時造訪都很鮮豔

勝林寺
しょうりんじ

東福寺的塔頭寺院

配合季節改變的御朱印引
發了話題。可配合坐禪、
抄經、畫佛等每日課題體
驗,前往一訪。

MAP P.185 C-5
☎075-561-4311 🏠京都市東
山区本町15-795 ⊘10:00 ～
16:00 ⑤境內自由參觀 🔒無休

能見到黃色小鴨漂浮
的可愛個性派風格

金戒光明寺
こんかいこうみょうじ

櫻花和紅葉都很美麗的名剎

這裡是迎接開宗 850 周年的淨
土宗於京都的四大本山之一。
在御影堂前面會有可愛的黃色
小鴨們迎接各位。

MAP P.182 E-3
☎075-771-2204 🏠京都
市左京区黑谷町121
⊘9:00 ～ 16:00
⑤境內自由參觀(秋季特
別參拜1000円)🔒無休

咖啡廳和商店都讓人期待

Best time
13:00 中午過後才是去美術館
的最佳時機！

1

前往每個空間都令人著迷的美術館

京都市京瓷美術館和平安神宮、福田美術館和金山、堂本印象美術館和嵐閣寺，以上都是可從代表性的京都知名景點徒步抵達的美術館。雖然地理位置相當有吸引力，但是人潮洶湧的情況也並不罕見。遇到這種時候，建議各位可以鎖定大部分的人都先去吃午餐的時間點前去探訪。帶著優雅的心情欣賞完各種藝術之後，務必記得要順道去一趟館內附設的咖啡廳或美術館商店。

1 位於南迴廊和北迴廊之間的中央大廳是開放區域 **2** 南迴廊的中庭「天之中庭」

京都市京瓷美術館
きょうとしきょうセラびじゅつかん

請關注和洋折衷的建築

洋風建築物搭配銅瓦屋頂的和洋折衷形式，也是「帝冠樣式」建築的代表。收藏許多以京都出身的畫家為首的近代日本畫名作。

MAP P.182 D-5

☎075-771-4334 ☗京都市左京区岡崎円勝寺町124 ⏰10:00～18:00(最終入場時間視展覽會而異) 🔒週一(逢國定假日則開館)、年末年始

shopping

美術館商店販售「ART RECTANGLE KYOTO」展覽會商品、美術書籍、原創商品和甜點等多樣化的品項。

1 透進明亮室外光的店內相當舒適

Cafe Time

ENFUSE
エンフューズ

MAP P.182 D-5 ☎075-751-1010 ⏰10:30～19:00 (LO18:00) 🔒週一(逢國定假日則開館)、年末年始

提供以京都產素材為中心製作的麵包、三明治、甜點等等。

◇◇◇ 位處建築物東側的日本庭園是開放區域。作為安排岡崎區域散步行程時的休息場所選項是很重要的存在。

1 以摺紙和百貨公司包裝紙等大家熟悉的素材塑造出入口處正面的花窗玻璃 **2** 入口處側邊的的牆壁藝術 **3** 每一張的設計都各異其趣的椅子，坐上去也 OK

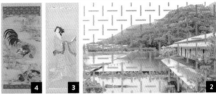

1 圍繞建築物的水池會映照出逐漸變動的天空景色與周遭風景 **2** 將日本自古以來的設計意象變化為現代風格。館內設有 3 間展示室 **3** 上村松園的《美人觀月》 **4** 伊藤若沖的《蕪菁田雙雞圖》

也有美術館周邊商品

shopping

與堂本印象有所交流的和果子鋪・笹屋守榮製作的限定羊羹有時也會配合企劃展一同登場。照片為特製羊羹「發光之窗」

Cafe Time

帕尼尼 & 咖啡

パンとエスプレッソと福田美術館
パンとエスプレッソとふくだびじゅつかん

供應使用嵐山人氣烘焙坊「パンとエスプレッソと嵐山庭園」直送的麵包所製作的餐點。僅限美術館入館參觀者用餐。
[MAP] P.185 B-2 ☎075-463-0007

京都府立堂本印象美術館
きょうとふりつどうもといんしょうびじゅつかん

連門把都具備藝術性！

從外觀到內部裝潢，全都是由京都出身的日本畫家・堂本印象親自操刀設計。
[MAP] P.183 B-2
☎ 075-463-0007 ◆京都市北区平野上柳町 26-3 ⏱ 9:30 ～ 17:00（入館至休館前 30 分為止）　🔒週一（逢國定假日則開館，隔日平日休）、年末年始（12/28 ～ 1/4）、展品更換期間

福田美術館
ふくだびじゅつかん

視野絕佳的美術館

以伊藤若沖、圓山應舉、與謝蕪村等跟京都有所淵源、截至近代的日本畫家為中心，收藏了約 1800 件作品。
[MAP] P.185 B-2
☎ 075-863-0606 ◆京都市右京区嵯峨天龍寺芒ノ馬場町 3-16 ⏱ 10:00 ～ 17:00（入館至休館前 30 分為止）　🔒展品更換期間、年始年末

1『はふう本店』的牛排丼

以絕妙火候燒烤的牛肩肉排，搭配活用高湯風味的和醬汁和芝麻，調理成和風口味。是由肉料理專門店獻上的一款奢華餐點。3000 円

はふう本店
はふうほんてん

MAP P.184 E-4 ☎ 075-257-1581 京都市中京区麩屋町通夷川上る笹屋町 471-1 ◎ 11:30～13:30、17:30～21:30 週三

満満的又肉、美味無庸置疑♡

~和風的荶汁

2 清水五条坂 ゆば泉
きよみずごじょうざか ゆばせん

MAP P.178 D-5
☎075-541-8000 京都市東山区五条橋東6丁目583-113
◎11:00～LO14:30 不定休

2『清水五条坂 ゆば泉』的湯葉飯

以發揮高湯風味的荶汁搭配店內製作的生湯葉。將帶有點稠感的湯葉送入口中，大豆本身的風味與甜味令人陶醉。1650 円

CP 值高、最推薦的午餐好去處

變化多端的麵 & 丼飯

以下將介紹在一個器皿內達到極致完成度、美味在口中擴散的絕品午餐。

湯頭使用大量扇貝、蛤仔、蛤蠣熬出濃郁高湯，再倒入牛骨湯混合。中華麵（鹽味）900円、溏心蛋＋100 円

3『貝だし麺 きた田』的中華麵（鹽味）

貝類的鮮味令大家一次感覺滿足！

香辣讓人上癮！

4『日の出うどん』的特製咖哩烏龍麵

放入九條蔥、牛肉、炸豆皮，分量滿點的名品烏龍麵 1100 円。可加價選擇 4 階段的辣度。

4 日の出うどん
ひのでうどん

MAP P.182 F-4
☎075-751-9251 京都市左京区南禅寺北ノ坊町36 ◎11:00～15:00(高湯罄即打烊) 週日

3 貝だし麺 きた田
かいだしめん きただ

MAP P.185 B-4
☎075-366-4051 京都市下京区北不動堂町570-3 ◎7:00～LO21:30 不定休

非常酥脆⋯♪

茼蒿天婦羅

5 suba
スバ
MAP P.179 A-3 ☎075-708-
5623 🏠京都市下京区美濃屋町
182-10 ⏰12:00～22:30 🔒不
定休

用麵條沾這個吃！

6 『すがり』的
牛腸沾麵

京町家麵店。炙烤到香氣
撲鼻的牛腸越是咀嚼就更
能感受到深邃的鮮美。和
雞骨高湯熬煮的湯頭也很
契合。1.5球 950円

這碗麵超美味♡

6 すがり
MAP P.181 C-3
☎無 🏠京都市中京区
藤屋町178 ⏰11:30
～15:00、18:00～
21:00※售完即打烊
🔒無休

7 麵屋 優光 河原町店
めんや ゆうこう かわらまちてん
MAP P.180 E-5
☎075-365-8818 🏠京都市下京区稲荷町
329⏰11:00～LO24:00 🔒不定休

7 『麵屋 優光 河原町店』的
卡波納拉拉麵

與人氣義大利餐點結合
的夢幻品項，在京都為
河原町店的限定菜單，
1530円。黑胡椒就像
是要布滿湯的表面，感
覺會一吃上癮

※ 餐點原名「京丼五種食べ比べ膳 ®」已註冊商標

丼飯祭典♡

撒上滿滿的又微辣黑胡椒

8 五穀豐穰のお茶屋ごはん 五木茶屋 伏見稲荷店
ごくほうじょうのおちゃやごはん いつきちゃや ふしみいなりてん
MAP P.176 E-5
☎075-643-5217
🏠京都市伏見区深草開土口町20
⏰10:30～LO18:00 🔒無休

1『手鞠鮨と日本茶 宗田』的每月更替套餐

由高蛋白質、低卡路里的壽司，配上一杯杯仔細沖泡、韻味深厚的日本茶以及甜點的手鞠壽司 14 貫 2800 円

1 手鞠鮨と日本茶 宗田
てまりずしとにほんちゃ そうでん
MAP P.181 B-2
☎075-585-5995 京都市中京区新町通三条上る町頭町110-1 午餐11:00～LO15:00 不定休

圓滾滾的可愛小表讓人心海之雀躍⁓

多采多姿，真是美麗…!!

肯定非常好吃

忍不住就一口吃掉了！

可愛的壽司

輕輕擺上色彩豐富的食材，品嘗宛如寶石般可愛的壽司們。

2 AWOMB 烏丸本店
アウーム からすまほんてん
MAP P.181 B-3
☎050-3134-3003 京都市中京区 姥柳町189 12:00～LO14:00、17:00～LO19:00 無休

2『AWOMB 烏丸本店』的手織壽司

以御番菜、刺身、辛香蔬菜等 50 種左右的當令素材配合醋飯，再用海苔捲起來做成自己喜愛口味的客製化手捲壽司。3960 円

3『gion 一穗』的一穗套餐

僅有 7 席吧檯座位的沉穩店內空間。提供進化系壽司捲「開胃小菜壽司」，附上御番菜、沙拉等物的套餐 2900 円

3 gion 一穗
ギオン いちほ
MAP P.180 F-5
☎075-525-3210 京都市東山区博多町 101-8 11:00～LO15:00、17:30～LO21:30 無休

閃閃發光的大海珍饈

亞洲美食也日漸增加了

氣氛轉為韓國 & 台灣

京都美食的魅力並不僅止於和食。
來看看那些能享受正統風味的韓國 & 台灣午餐吧。

稍微文歇一會兒 ☕

台灣當地招牌美食！

4『福到 FUDAO 台湾茶』的鹹豆漿套餐

蝦米、蘿蔔熬煮的獨門高湯，搭配有機豆漿和醋就完成了絕品鹹豆漿，最後擺上炸油條。餐點附台灣茶。
1400 円

4 福到 FUDAO 台湾茶
フウダウ たいわんちゃ
MAP P.174 E-4
☎070-1765-8899 ♠京都市左京区田中下柳町9-3 ☺11:00～18:00 ♠不定休

5 祇園 かんかんでり 麗
ぎおん かんかんでり れい
MAP P.179 C-1
☎075-744-1063 ♠京都市東山区橋本町391 ☺11:30～15:00、17:00～22:30 無休

5『祇園 かんかんでり 麗』的祇園「九節板」午餐

由韓國煎餅、雜菜等9種熱食，搭配從蔘雞湯、純豆腐等15種菜色中選出的主菜，再附上韓國茶的餐點。2178 円

6『福丸』的胡椒餅

填入滿滿的大顆豬肉塊與九條蔥！有甜味噌、醬油等3種口味。1 個 380 円～

非常豐富的正統口味 🔥

芝麻的香氣和內餡非常相襯 🤤

7『微風台南』的滷肉飯等餐點

滷肉飯 700 円、皮蛋豆腐 550 円、午餐配菜 3 樣（單品餐點+200円）。排骨麵等台南風味美食陣容也很充實。

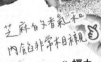

6 福丸
ふくまる
MAP P.177 B-2
☎075-812-1601 ♠京都市中京区王生仙念町31 ☺11:30～完即打烊（胡椒餅只在週五～日販售）♠週一、二，不定休

在這裡是台灣美食齊聚一堂？

7 微風台南
びふうたいなん
MAP P.184 F-3 ☎075-211-9817
♠京都市上京区枡屋町359 ☺12:00～LO14:30、18:00～LO21:30 週一

京都24H 瓦版 日報

說到中午的主要活動，就是吃午餐了！吃飽後就前往那些新舊話題景點，悠閒地度過吧。

午餐&咖啡
於寺院境內享用
想在參拜後走一趟，

「寺院咖啡廳」的新面貌！

除了平等院、醍醐寺、佛光寺等寺院之外，人們現在也發掘出新的場所。位於宇治的黃檗山寶藏院正以「寺麵」這款素食拉麵引發話題。嵯峨野清涼寺的「Bhagavan」則是由庭師經手並親自服務的個性派咖啡廳。金戒光明寺的塔頭寺院・金光院的「気まぐれカフェ」也正在營運中。

Bhagavan
ヴァガバァーン
MAP P.185 B-1 ☎無 🏠京都市右京区嵯峨釈迦堂藤乃木町46 清凉寺境内 ⊘ 10:00～18:00 視季節而異

宝蔵院 寺そば
ほうぞういん てらそば
MAP P.173 C-5
☎0774-31-8026 🏠宇治市五ケ庄三番割34-4 ⊘ 11:00～14:00 🏠週一～三，週日

完全沒有動物性素材

菜單只有600円的「寺麵」而已。點綴食材象徵了佛教的「五色」

お寺で気まぐれカフェ くろ谷 金光院
おてらできまぐれカフェくろたにこんこういん
MAP P.182 E-3 ☎075-771-7780
🏠京都市左京区黒谷町121 ⊘ 🏠請至官方Instagram確認

能達成+α的體驗！時髦又現代的麵店

傾注於麵碗裡的美意識沁入了全身
說起京都的麵料理，其實並不僅止於「背脂Cha Cha系」的拉麵和柔軟系烏龍麵。最近也增加了不少讓時尚女性也能一個人輕鬆造訪的現代風格麵店。位於河原町五條、兼做器皿的手打蕎麥麵專門店「そのば」以及老牌昆布店經手的「昆布と麵喜一」都是必訪的店。

風味滲入身體的昆布拉麵1152円（點餐需搭配購買一份昆布商品）

可試飲3種水出式昆布高湯

昆布と麵 喜一
こんぶとめん きいち
MAP P.175 C-4
☎080-7227-7500 🏠京都市上京区西五辻東町74-2 五辻の昆布 本店2F ⊘ 11:00～12:00、13:00～(3階段預約制) 🏠不定休

附設陶藝教室

除了1000円的蕎麥麵，還有大獲好評的鯖魚壽司

そのば
そのば
MAP P.185 B-3 ☎無 🏠京都市下京区富小路六条上る本塩竈町533-3 ⊘ 11:30～15:00 🏠週三、四

可在旅途中移動時活用的
共享服務！

在東京和大阪蔚為話題的電動滑板車與電動腳踏車的共享服務也於京都亮相了。只要下載APP就能查詢借還車的地點，順暢地使用相關服務。
操作也很簡單的共享電動車

LUUP
ループ
☎0800-080-4333 ⊘24時間 每30分鐘200円
URL https://luup.sc/

京都高島屋再進化 專門店區域「T8」開業！

大家熟悉的高島屋擴建後更具吸引力！

2023年10月17日，京都高島屋於百貨公司既有的高級感基礎上再添加專門店個性，以「京都高島屋S.C.」之姿重新開業！集結了藝術、次文化、在地美食等51種個性，對於用餐或選購伴手禮的顧客發揮了重大效益，逐漸成為充滿魅力的場域。因為地點就位在城市的中心，四條河原町，要不要在旅途中順道繞去看看呢？

入口在四條通

京都高島屋 S.C.
きょうとたかしまやショッピングセンター
MAP P.180 E-4 ☎075-221-8811 🏠京都市下京区四条河原町西入真町52 ⏰10:00～20:00※部分店舗不同 🔒無休

京都的Marché‧錦市場

每一種東西都想嘗看看！

前往散發活力的「京都廚房」

受惠於優質的地下水，打從作為江戶幕府公認的魚市場開業以來，這裡已經歷400年的歷史。目前橫跨東西約390m，120多間櫛比鱗次的商店。讓人想在現場比鄰大快朵頤的小巧美食種類也很豐富。

錦市場
にしきいちば
MAP P.180 D-4 ☎075-211-3882（京都錦市場商店街振興組合）🏠京都市中京区西大文字町609 ⏰視店舗而異

每一樣都很想吃～

想在京都與人氣扶搖直上的那尊佛像相遇！

從口中出現6尊佛的那個人究竟是……!?

說到因為被借展而再次受到矚目的佛像，就是六波羅蜜寺的「空也上人像」了。袒邊彷彿邊於城鎮中漫步，向大眾傳授佛的教誨，是一位被稱為「市聖」、廣受喜愛戴的僧侶。從口中冒出來的6尊佛像，其實就是唱誦「南無阿彌陀佛」時的具現化。

相傳空也上人是天皇的皇子，同時也是親近民眾的名僧。可在令和館（寶物館）瞻仰法相。

六波羅蜜寺
ろくはらみつじ
MAP P.179 C-4 ☎075-561-6980 🏠京都市東山区轆轤町81-1 ⏰8:00～17:00（令和館為8:30～16:30）🎫境內自由參觀（令和館600円）🔒無休

華美的舞妓令人為之傾心♡ 花街傳統舞台絕對必看！

沉醉於150年的歷史，春天的風物詩「都舞」

伴隨著「都舞呀～呦咿呀沙」的爽朗呼喊聲，「都舞」開始了。這個以四季更迭的知名景點與故事為背景，藝妓和舞妓們華麗起舞的公演，完全彰顯了「這就是京都！」的風情。經過大型整修之後，2023年於根據地祇園甲部歌舞練場睽違7年再次舉辦。2024年則迎來了第150屆紀念的演出。

全員約60人的震撼舞台

都舞
みやこをどり
MAP P.179 C-2 ☎075-541-3391 🏠京都市東山区祇園町南側570-2 ⏰🔒請至官方網站確認

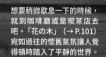

想要稍微歇息一下的時候，就到咖啡廳或是喫茶店去吧。「花の木」（→ P.101）宛如過往的懷舊氣氛讓人覺得頓時踏入了平靜的世界。

京 都 的 白 晝

IN THE

Afternoon

14:00 - 17:00

享用完美味的午餐之後，也得顧及另一個「甜點專用的胃」！就讓我們前往町家或旅館、復古風洋館等別緻的空間享受甜點時光吧。同時也順便散個步，試著找看看要給自己的獎勵品或伴手禮，想必是很棒的選擇。

Best time

14:00

町家的特別感很吸引人

套餐形式甜點 帶來無比幸福的時刻

甜點師手作
甜點盤套餐 4000円
※需要於2天前預約
※套餐內容會隨著季節更動

迎賓飲料

以水出法沖出宇治・丸久小山園的玉露茶湯。香氣、甘甜、鮮味都是絕妙

第5盤
小甜餅

使用蛋白製成的蛋白霜等小點心登場。也可以在本店購買

第3盤
鹹點

在甜點與甜點之間穿插活用鹽和香草風味的三明治，轉換一下口味

第1盤
美豐蛋的瑪德蓮、布列塔尼酥餅

使用飼育過程中講究飲水和飼料的的純國產雞下的蛋，風味濃郁！

在客人面前淋上溫熱的醬汁

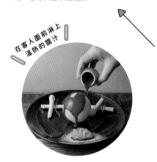

第4盤
甜點盤～香草巧克力球慕斯

香草冰淇淋或藍莓冰淇淋會從白巧克力球裡面冒出來

第2盤
芭菲杯

在洋甘菊奶凍上添加草莓醬和新鮮的草莓

MAISON TANUKI

メゾンタヌキ

經歷非日常的咖啡廳

店名蘊含了「希望能像民間故事那樣，大家來到狸貓的家，然後感受被牠們迷戀的樂趣」這層涵意。下午茶和芭非都很受歡迎。

(MAP) P.181 B-1 ☎ 075-606-5
688 京都市中京区西入ル長浜
町143-3 ⊙ 11:00～18:00 ⋒週
一、二（逢國定假日則營業）

獲得滿足吧。

緩流逝的時間，讓五感都陪伴下，將自己寄託給緩風味茶等種類豐富的紅茶開……真的是頗具驚喜感的演出。請在從其本款到融化的巧克力就這麼裂汁淋在白巧克力球體上，一天是把加熱後的莓果醬師手作甜點盤套餐」。這季節更替特別套餐「甜點於顧客面前將主餐完成的的是分成一道道上桌、再**TANUKI**。推薦給大家家改裝而成的「**MAISON**齡超過**100年**的京町分鐘左右，就會來到由屋烏丸御池往西步行5沙龍風格咖啡廳以精練演出讓人欣喜的

◇ ◇ ◇ 除了迎賓飲料之外還附2種可選擇的飲料。+600円就能無限暢飲。

想在奢華的空間感受洋溢非日常氛圍的下午茶時光，那就是這裡了。

LOCATION 1
五重塔景觀

Best time Afternoon (14:00-17:00)

afternoon
下午茶
6655 円（含税）

能以鹹點形式輕鬆品嘗法國料理的這一點正是餐廳才能提供的服務。提供時間為 13:00 ～ 16:30

1 整面玻璃落地窗的另一邊，聳立著東山的象徵，法觀寺的八坂塔 **2** 宛如一幅畫的絕美景觀就在眼前 **3** 位於將前小學校舍翻新改裝的「ザ・ホテル青龍 京都清水」 **4** 餐點內容會隨季節更動（照片為 2 人份）

Benoit Kyoto
ブノワキョウト

就在八坂塔的正對面！
這間餐廳繼承了由 DUCASSE Paris 監修的巴黎餐酒館老舖「BENOIT」的傳統。

(MAP) P.178 D-4
☎075-541-0208 ⋒京都市東山區清水2-204-2 ザ・ホテル青龍 京都清水內 ⊙11:00 ～ 15:30、13:30 ～ 16:30、17:30 ～ 22:00 ✿不定休

「ザ・ホテル青龍 京都清水」的屋頂設有能夠 360°飽覽京都街道的空中酒吧。(→ P.118)

下午茶
1 名 5000 円〜（2 名〜）
會配合不同季節的主題
替換餐點的內容。採 1
日 2 階段的 2 小時制

LOCATION 2
復古風洋館

長楽館
ちょうらくかん

落成超過100年的前迎賓館
過去會場是招待國內外名流的
「迎賓之間」。賓客能夠在這個
有 Baccarat 出品的水晶吊燈閃耀
的空間裡，度過一段優雅的時光。

(MAP) P.178 E-2
☎075-561-0001 ⌂京
都市東山区八坂鳥居
前東入円山町604 ◎
12:00 〜 18:30
(LO18:00) 🔒不定休

**FAUCHON
下午茶套餐**
7000 円（週六、日和
國定假日為 7500円）。
平日為 1 日 2 階段制。
週六、日、國定假日
有用餐至 19:00 的第 3
階段

LOCATION 3
巴黎風旅館

SALON DE THÉ FAUCHON
サロン ド テ フォション

感受巴黎的精神
巴黎的美食飯店走向世界、作
為 2 號店於日本開業。請配著
FAUCHON 紅茶品嘗甜點師拿手
的甜點。

(MAP) P.179 A-4
☎ 075-751-7711 ⌂京都市下京区難
波町 406 ◎平日 11:00 〜 17:00。
週六、日、國定假日〜 19:00 🔒無休

茶房金閣庵
さぼうきんかくあん

充分品味一番茶的魅力
這裡能夠品嘗以「山下新
壽園」的京田邊產最高級
玉露為中心製作的餐點。
採完全預約制的下午茶能
盡情享受一番茶的魅力！

(MAP) P.183 C-1
☎ 075-888-1567 ⌂京都市北
区衣笠西御所ノ内町 36-1
◎11:00 〜 17:00（最後入店
15:30）、週四 11:30 〜
🔒週二、三,不定休

京菓子御膳伊呂波
3800 円
將抹茶和紅茶的一番茶
用於自家製的菓子。就
連飲料也是「和紅茶」
的一番茶

LOCATION 4
鄰近金閣寺的京町家

Best time
14:00

不管是今天的點心或伴手禮都是如此當令的最好!把現在流行的

京菓子 全都買下來

從跨越時代的老鋪到令和的新店,讓我們前往那些店家、尋找既可愛又新穎的和菓子吧!

以小說為主題
3 安東尼與拉拉
940 円（保存:冷藏 3 日）
以焦糖餡和熱帶水果餡來表現小說《即興詩人》的世界

餡料的新型態
1 裝飾羹
各 390 円～（保存:當日）
準備了白餡基底的檸檬、豆沙餡基底的覆盆子等 10 種左右的品項

感覺不管有多少都吃得下

當令素材的萩餅
4 萩餅
各 220 円～（保存:當日）
平日供應開心果、柚子檸檬等 8 種。週六、日和國定假日約有 12 種品項

鋼琴圖案羊羹
2 JAZZ 羊羹 classic
2692 円（保存:約 14 日）
放入草莓乾的西式羊羹。除了咖啡以外,配紅酒也很適合

IN THE *Afternoon* (14:00-17:00)

會是什麼味道呢？進化系的嶄新和菓子

4

小多福
おたふく

祇園的萩餅專門店

除了從前代老闆娘繼承來的萩餅之外,也販售融入香料和香草的原創麵包。
MAP P.178 D-3
☎ 090-7908-5111 ☖ 京都市東山区下弁天町 51-4 ⏰ 11:00 ～ 17:00 ☖週一、二、四,不定休

3

菓子屋 のな
かしや のな

映照出季節的和菓子店

販售使用洋酒和水果、帶有季節感的上生菓子。夾入豆沙餡的紅豆奶油巧巴達也很有人氣。
MAP P.177 C-2
☎ 無 ☖ 京都市下京区篠屋町 75 ⏰ 12:00 ～ 18:00（售完即打烊）☖週日、一

2

ミチカケ COFFEE ANCO MUSIC
ミチカケ コーヒー アンコ ミュージック

藝廊兼咖啡廳

位於寺町通、店裡擺了鋼琴的藝廊兼咖啡廳。以「和自己的故事相遇的場所」作為主題。
MAP P.184 F-5 ☎ 075-354-5435 ☖京都市中京区寺町通御池上ル上本能寺前町 476 TAT ビルディング B1 ⏰ 12:00 ～ 17:00（視季節而異）☖每月營業日為 8 ～ 10 天（請至官方網站確認）

1

うめぞの茶房
うめぞのさぼう

矗立於西陣的老鋪新展開

「甘党茶屋・梅園」第 3 代開設的店家。以寒天和蕨餅粉來給餡料做成流行感的羹是招牌商品。
MAP P.175 C-3
☎ 075-432-5088 ☖ 京都市北区紫野東 藤 ノ 森町 11-1 ⏰ 11:00 ～ 18:30（LO18:00）☖不定休

◇◇◇「うめぞの茶房」的 2 樓是咖啡廳空間,可以在這裡享用裝飾羹或季節甜點。

088

前所未見的
搭配組合！

口感酥脆輕盈
7 Kyoto Branch set
2個入1200円(保存：冷藏 5 日)

焙茶、抹茶的奶油餡與
奶油霜之間放進了求
肥！

京都色的小瓶子
5 果 rafe
1瓶 648円～(保存：3 日)

把糰子、蕨餅、寒天、
果凍、羊羹放進瓶子裡
的「和風芭菲」

對和風的可愛外貌一見傾心♡

很想一直
看著它們

放進罐子裡的生蛋糕
8 洛缶 CAKE
各918 円(保存：1 日)

將抹茶或草莓卡士達、
生麩等裝進罐子裡面的
生蛋糕

可愛到一見鍾情！
6 いと達最中
1個350円～432円(保存：1 日)

小熊外觀的設計，裡面
的餡料風味會隨著季節
變更

8

パティスリー洛甘舍
パティスリーらっかんしゃ

「和魂洋才」的和菓子

開設於六角堂旁邊的甜點專門
店。推出發揮醬油或黃豆粉等和
風素材魅力的洋菓子。

MAP P.181 C-3

☎075-708-3213 🏠京都市中京区三
文字町227-1 藤井ビル1F ⏰11:00～
19:00 🔒週三

7

BonbonROCKett 京都店
ボンボンロケット きょうとてん

NEO奶油三明治專門店

販售在餅乾和奶油霜等部分都充
分混入了空氣、口感新穎的奶油
三明治。

MAP P.175 C-3

☎075-432-7520 🏠京都市北区小山
西大野町82-2 昴ビル 1F ⏰11:00～
18:00(售完即打烊) 🔒週一～週四

※ 已於 2023 年底歇業，目前僅有神戶六
甲本店與線上商城服務。（2024 年 5
月確認）

6

御室和菓子 いと達
おむろわがし いとたつ

靠近仁和寺的和菓子店

店主於京都的老鋪修業後獨立創
業。製作配合歲時記的傳統和菓
子，以及日常性的點心。

MAP P.183 A-3

☎075-203-6243 🏠京都市右京区龍
安寺塔ノ下町5-17 ⏰10:00～ 17:
00(售完即打烊) 🔒週三、日

5

果朋 -KAHOU-
かほう

二條城旁邊的創作和菓子店

供應許多萃取出當季果實的魅
力、無法被常識侷限的獨創和菓
子。店內空間宛如藝廊一般。

MAP P.177 C-1

☎075-821-0155 🏠京都市中京区西
ノ京職司町67-99 ⏰10:00～18:00
週二

親自到店裡跑一趟才更有價值！

熱愛的盒裝餅乾就是要到現場選購

無論是作為給自己的獎勵品或是送給重要之人的禮物都合適。與預訂的餅乾來場期待已久的相見歡♪

IN THE Afternoon (14:00-17:00)

盒裝餅乾以外的商品沒預約也可以購買喔！

要不要也買這個？

全5種的俄羅斯蛋糕、寺町香草布丁、季節限定的果凍等即使沒有事先預約也可以買到

京都 村上開新堂
きょうとむらかみかいしんどう

寺町通的復古洋果子店

明治40（1907）年創業，京都歷史最悠久的洋菓子店。以代代相傳的食譜製作的點心跨越了世代、受到廣大人們的喜愛。

MAP P.184 F-4　075-231-1058　京都市中京区寺町通二条上ル東側　10:00～18:00　週日、國定假日、每月第3個週一

有香草餅乾、肉桂沙布列共11種

盒裝餅乾（小盒）
6480円
盒子有兩種尺寸的預約商品。是預約後可能要等上1年的人氣品項

「京都 村上開新堂」即使沒有預約，也能購買10個以上的俄羅斯蛋糕等燒菓子，再請店家放進盒子裡喔。

散發奶油香氣的餅乾是
良知消費商品，擁有溫和的甜味

koé donuts kyoto
コエドーナツ キョウト

河原町的甜甜圈專門店　　P▶41

販售以有機、天然、地產地銷為關鍵字的
自家製甜甜圈。由建築師・隈研吾先生經
手的空間設計也值得注目。

koé donuts 盒裝餅乾
1950 円
由藝術家・長場雄先生
繪製標籤插畫的甜甜圈
造型餅乾

🔖 也有咖啡廳！

入口即化草莓甜甜圈
980 円，限內用。是沾
附糖漿的烘烤式甜甜圈

🔖 也有餐廳！

從店鋪往東北方
徒步 3 分鐘就
是法國餐廳「新
門前 米村」，
可在此享用午餐

米村原創餅乾
6000 円
使用抹茶、Bubu
Arare、七味粉等
京都在地素材製作
的餅乾共 12 種

把京都的棋盤式街區
融入盒子的設計

ヨネムラザストア祇園店
ヨネムラザストアぎおんてん

由京料理人推出的店

人氣京料理人・米村昌　[MAP]P.179 C-1
泰先生經手的外帶專門　☎075-708-5133 🏠京
店。販售原創的餅乾以及　都市東山区新橋通大
「新門前 米村」的部分商　和大路東入2丁目橋本
品。　　　　　　　　　　町385-1 ⏰11:00 ～
　　　　　　　　　　　　18:00 🔒週一

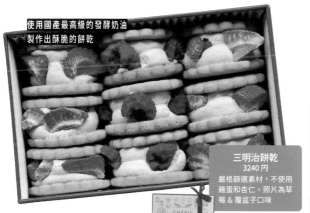

使用國產最高級的發酵奶油
製作出酥脆的餅乾

🔖 也有新店家！

也請一併造訪 2023 年
9 月 開 業 的 CHÉRIE
MAISON DU PARFAIT

CHÉRIE MAISON DU BISCUIT
シェリー メゾン ド ビスキュイ

御所南邊的法式烘焙坊

以三明治餅乾博得人　[MAP] P.184 E-4
氣的法式烘焙坊。經　☎075-744-1299 🏠京都市
常備有 5 種招牌口味　中京区福屋町 733-2
的三明治餅乾跟燒菓　⏰12:30 ～ 16:00（週六 ～
子，評價都很棒。　　16:30）🔒週一～三、週日

三明治餅乾
3240 円
嚴格篩選素材，不使用
雞蛋和杏仁。照片為草
莓 & 覆盆子口味

這個遊戲真讓人入迷

體驗DATA

投扇興體驗
2200 円 ※ 需要預約
挑戰看看從江戶時代傳承至今的風雅遊戲。依據源自《源氏物語》帖名的計分方式來進行對戰吧

Best time
14:00

雖然正統，費用卻不到 2500 円！
來一場輕鬆的**京都體驗**♪

透過使用扇子的風雅遊戲「投扇興」、「調香」、特別的抹茶「獻茶」等 3 種體驗來接觸傳統與文化。

Let's try!

對戰結束，用一杯茶搭配和菓子來為體驗收尾

結束練習後就要開始對戰了！比賽誰拿的分數高

開始練習。訣竅是瞄準靶心中央輕柔地扔出去

從拿扇子的方法開始學習投扇興的基礎知識

還想再挑戰一次

源自《源氏物語》帖名的計分表

扇や 半げしょう
おうぎやはんげしょう

花街的京扇子專門店
位於五花街之一・宮川町的老鋪，店內陳列著出自京都職人之手的京扇子。基於想讓大家更親近扇子的思維而舉辦了投扇興的體驗。

MAP P.179 B-4
☎ 075-525-6210 ♠京都市東山区本町通五条上る森下町 535 ● 10:30～17:30（週六 13:00～）🔒週日、國定假日、盂蘭盆節、年末年始

分數是以扇子和標靶落下的狀態來決定的

◇◇ ◇◇「扇や 半げしょう」也會舉行在扇面描繪喜歡的圖案或文字的「扇子彩繪體驗」活動。

092

完成了也
獨一無二的

散發出
高雅的香氣

針對香的原料進行說明後，接著就要混合幾個種類的香原料，完成自己喜愛的香味

山田松香木店 京都本店
やまだまつこうぼくてん きょうとほんてん

創業於江戶時代的香木店

繼承了從平安時代延續至今的日本香氣文化。提供調製香氣的「調香方案」與品鑑香木香氣的「聞香方案」2 種體驗。

(MAP) P.184 D-2 ☎ 075-441-1123 🏠 京都市上京区勘解由小路町 164 ◯ 10:30～17:00 🔒盂蘭盆節、年末年始

由家臣
古田織部發

扇子要
放到一旁

圓德院
えんとくいん

跟喜歡茶的秀吉公有所淵源

以作為豐臣秀吉的正室・寧寧的晚年居所為起源的寺院。有位列國家指定名勝的北庭以及描繪白龍的拉門等許多值得欣賞的地方。

(MAP) P.178 D-3

☎ 075-525-0101 🏠京都市東山区下河原町530 ◯10:00～最後入場17:00 💰500円 🔒無休

與千利休所進行的一般點前不同，融入了娛樂性是這項體驗的特徵

Best time
14:00

附設的咖啡站和咖啡廳也能善加運用！
與雅緻的用具們相遇

一訪坐落於京都名勝附近的美麗店鋪，尋找那些親近生活的逸品吧。

1 京町家風格的店面外觀 **2** 於 1 樓附設咖啡站「KYOTO COFFEE」 **3** 陳列著能在各式各樣的場面活躍的器具們

空瓶可以帶回去

萃取出美味茶湯

1 KYOTO COFFEE 隨行保溫杯各 3850 円 **2** 工房アイザワ的茶篩（小）880 円 **3** COLO COLO 旗艦款「COLO COLO5656 萬用型 本體 S」3850 円

日東堂
にっとうどう

嚴選新舊的優異產品

從傳統工藝到最先進的技術，蒐羅日本生產的器具與日用品的商店。也會陳列文具或印有店鋪商標的原創商品。

(MAP) P.178 D-4
☎075-525-8115 京都市東山区八坂上町385-4 ⏰10:00～18:00 不定休

◇◇◇「日東堂」是由那間以大家熟悉的打掃用具「COLO COLO」聞名的ニトムズ所開設的。

純國產天然竹製作的「歡迎回來筷 23cm」1650 円

專賣天鵝絨的織品商·杣長的花粉撲 1430 円

我戶幹男商店 TSUMUGI 杯盛筋 5280 円

我戶幹男商店 TSUMUGI 汁椀壺型 7480 円

我戶幹男商店 SINAFU 點心碗（布袋）11,000 円

讓每天都過得開心的魔法用具

在工藝、京料理、藝能等層面都受到世界憧憬的京都傳統之所以能夠存在，都要歸功於一批優秀的職人們。他們在漫長的歷史中磨練技藝，無論是製作者還是買家的審美觀都因此變得更加地洗鍊。位於東山的象徵·八坂塔旁邊的「一日東堂」，還有位處岡崎的象徵·平安神宮的大鳥居旁邊的「シュイロ」，這兩間都是兼具設計性與機能性的店鋪，各位能在這裡與 Made in Japan 的嚴選雜貨相遇。那些散發出職人手藝光輝的逸品，相信一定能讓我們的每一天都過得更加歡欣與充實。

シュイロ
しゅいろ

讓每一天的生活更加精采

京都美山產的雞蛋品牌「うちゅうの夜明けたまご」所開設的旗艦店。除了提供全日的餐點之外，嚴選雜貨也相當充實。

MAP P.182 D-5
☎075-585-4481 京都市東山区定法寺町368-1 ◯8:00～21:00 週一（逢國定假日則隔日休）

1 在寬敞的店內悠閒地品評商品 2 信樂燒品牌 KIKOF 的器皿 3 窗邊也展示了一排生活雜貨 4 也會實施期間限定的企劃銷售活動

享用遲來的午餐！

奢華地使用高級雞蛋

還有咖啡廳！

シュイロ的濃郁布丁 650 円

光影交織出的
空間之美

Best time
14:00

「在面前沖泡」已經成為趨勢！

日本茶咖啡廳的
享受方式

和菓子職人和洋菓子職人結合彼此的技巧製作出獨創性的 5 種菓子，再各自搭配 5 種茶飲的茶菓懷石套餐 5500 円

Enjoy Plan 01
在預約制的茶室空間
品嘗茶菓懷石

行雲流水的動作
賞心悅目

驚豔與感動的
結合

茶菓懷石會
每月更換

立礼茶室 然美
りゅうれいちゃしつさび

傳統×現代的茶室

以「將日本自古以來的美意識於現代再次復甦」為概念，融合傳統與摩登的茶室。位於綜合藝術空間「T.T」裡面。

MAP P.179 C-2

☎075-525-4020 🏠京都市東山区祇園町南側570-120 T.T 2F 🕐13:00～、16:00～（每階段一起入場、完全預約制）🔒無休

稍微歇一會兒，拜訪美味的日本茶

茶湯之都・京都是催生「喫茶文化」、加以發展的聖地。近年來也出現了能讓人輕鬆享受正統派日本茶的現代感日本茶專門店。祇園的「立礼茶室 然美」、御所南邊的「○間‧MA‧」、鄰近東寺的「IYUGEN」都很受歡迎。水沸騰的聲音、隨著撲鼻而來的芳香裊裊上升的蒸汽、在口中擴散開來的鮮味與甘甜，應該可以稱之為最棒的療癒吧。

🔶🔶🔶「立礼茶室 然美」隨處都美得像一幅畫，是一座美學寶庫。數寄屋造的建築、裝飾擺設、茶菓懷石使用的器具等都值得關注。

Enjoy Plan **O3**
手作菓子與日本茶的結合

Enjoy Plan **O2**
在茶的複合設施飲茶品評

喝看看就知道
完全不同！

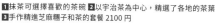

1抹茶可選擇喜歡的茶碗 **2**以宇治茶為中心，精選了各地的茶葉 **3**手作精進芝麻糰子和茶的套餐 2100 円

1放輕鬆，好好享受 **2**把屋齡約有 100 年的京町家翻新整理 **3**選擇 3 種茶來飲用品評的「茶味評比」3300 円

YUGEN
ユウゲン

親近日本茶的傳統

傳承日本茶的文化並提出新型的提案。1 樓是吧檯式的茶房、2 樓設有茶室，也會開設工作坊。

MAP P.184 D-3
☎075-708-7770 ♠京都市中京区亀屋町146 ◷11:00 ～ 18:00 ♠不定休

○間 -MA-
ま

新風格的飲茶體驗

以茶文化為主題的複合設施。茶房準備了約 200 種茶葉品項以供挑選。提供飲茶品評體驗、一湯三菜的午間茶席套餐等服務。

MAP P.185 A-5 ☎ 075-748-6198 ♠京都市南区西九条比永城町 59 ◷11:00 ～ 17:00(完全預約制) ♠週二、三

明明是這幾年才開的店，卻因為某些裝潢擺設發出的懷舊感，因而醞釀出宛如昭和時代般的氛圍。讓我們一同造訪無論餐點或飲料都洋溢滿滿懷舊感的新喫茶店吧。

感覺真舒適～♪

1 銀座蛋包飯 1300 円（附飲料）
2 很適合拍照打卡的布丁 500 円
3 全部共有 15 種口味的冰淇淋蘇打 650 円

1 承襲了 30 年以上歷史的布丁，帶有紮實感的同時也擁有相當滑順的口感。600 円　2 熱咖啡 550 円

喫茶 me
きっさミー

也有100円就能玩的遊戲機台

自銀座的排隊熱門店家「喫茶you」獨立出來開業。用番茄醬在鬆軟的蛋包上寫下「me」的蛋包飯是知名餐點。

MAP P.182 D-4 ☎075-708-7218 🏠京都市左京区岡崎成勝寺町1-8 ◎11:00～LO15:00、週六16:00～LO18:00、週日11:00～LO17:00 🔒週二、不定休

倍受喜愛的名物布丁

喫茶ジラフ
きっさジラフ

繼承自昭和的名店

原址店家純喫茶「回廊」在一片惋惜聲之中謝幕，而原本的常客野村先生接手後重新開業。歷經30 年的時光所營造、充滿意趣的氛圍依舊沒有變化。

MAP P.180 E-4
☎無 🏠京都市中京区中之町583-10 2F ◎10:00 ～ 20:00 🔒週二

◇◇◇「喫茶ジラフ」距離四條河原町很近，位於小巷內 2 樓的地理位置也頗具魅力。

1 拿坡里義大利麵 820 円。將煮好的麵條靜置一天，塑造出 Q 彈軟嫩的口感 **2** 布丁 550 円 **3** 調和咖啡 490 円 **4** 氣泡檸檬汁 600 円

清爽的氣泡感

喫茶 noho
きっさノホ

和食店開設的店鋪

由河原町的和食料理店「御幸町 ONO」經手的店家。提供拿坡里義大利麵和布丁等「說到純喫茶就得有這些!」的豐富品項。

MAP P.179 B-4
☎075-285-0195 🏠京都市東山区西川原町476-1 河松マンション 1F ⏰9:00～17:00 🏠週三～六

※ 預計自2024年5月起休業半年。（2024年5月確認）

本和香糖帶來的溫和甜味

1 使用黑糖和米飴等 4 種砂糖製作的寶寶卡斯提拉，10 個入 600 円 **2** 珈琲 × 抹茶 850 円 **3** 生布丁（原味）720 円。另有抹茶和水果兩種口味，各 800 円

糖太朗
とうたろう

以砂糖為主角的古民家咖啡廳

由日本茶品牌「八十八良葉舍」開設的店家。供應能凸顯嚴選砂糖美味的甜點品項。

MAP P.185 B-3
☎無 🏠京都市下京区塗師屋町六条通間之町西入101-2 ⏰10:00～LO17:00 🏠無休

Best time

15:00

時間就像是靜止了！

歡迎蒞臨洋溢懷舊感的**復古喫茶**

跨越了時代，一路走來廣受大眾愛戴的純喫茶。接著就讓我們走訪越是累積歲月、意趣也更加濃厚的出色名店。

Jelly Punch 750 円。蘇打飲裡面漂浮著 5 種顏色的果凍

宛如寶石般美麗♡

幻想般的藍光似乎具有讓女性看起來更加美麗的效果

RETRO POINT

簡直就是美術館!
展示了東鄉青兒等畫家的美人畫與裝飾品。一切都美麗得足以稱之為美術館等級

喫茶ソワレ
きっさソワレ

沒有BGM的靜謐時間

昭和 23（1948）年創業。店名的「ソワレ」（SOWARE）是法文中「夜晚的舞會／饗宴」或「極佳的夜晚」的意思。

(MAP) P.180 F-4

☎075-221-0351 📍京都市下京區西木屋町通四条上ル真町95

🕐13:00 ～ LO18:00（週六、日、國定假日LO18:30）🚫週一

since 1948

冰淇淋蘇打總共有 6 種

◇◇◇ 「喫茶ソワレ」就位在賞櫻勝地・高瀬川的河畔。春天可以從 2 樓窗邊欣賞盛開的櫻花。

RETRO POINT
優美的 BGM
悠揚的古典樂聲，在彩繪玻璃令人印象深刻的店內空間中流瀉

和咖啡非常搭配♡

免烤起司蛋糕套餐 1350 円。蛋糕的風味很清爽

雙布丁 1100 円。這個布丁是屬於過往那種令人懷念的偏硬類型

感情好、最靠固的布丁♡

RETRO POINT
裝潢值得注目
檯燈和雅卡爾織布料的遮光窗簾帶來了懷舊感

RETRO POINT
飽經歲月的壁紙
花朵圖案的壁紙，當時應該是白色和銀色，歲月飛逝，現在已經轉成了茶色

店主細心沖煮的虹吸式咖啡香氣充斥店內空間

店名來自於法國畫家尚 - 法蘭索瓦·米勒

フランソア喫茶室
フランソアきっさしつ

since 1934

文化人聚集的沙龍

昭和 9（1934）年創業，是日本第一個被指定為國家登錄有形文化財的喫茶店。店內環境是以豪華客輪的印象去打造的。

MAP P.180 F-4 ☎075-351-4042 ♠京都市下京区西木屋町通四条下ル船頭町184 ◯10:00～22:00（餐點LO22:00、飲料＆蛋糕LO21:30）🔒無休（12/31～1/2期間除外）

位在觀賞霧島杜鵑的勝地·長岡天滿宮附近。參拜後可以順道來一趟

喫茶フルール
きっさフルール

since 1969

豐富的餐點恭候多時

時常擠滿在地常客與觀光客的一間店。有香料飯、義大利麵等，光是食物的部分就多達 50 種，種類很豐富。

MAP P.173 A-5 ☎075-951-6759 ♠長岡京市天神1-8-2 ◯10:00～LO20:30 🔒週一、二

經過長時間燉煮的咖哩飯套餐 900 円

花の木
はなのき

since 1966

那位知名演員也會光顧的店

創業 50 多年，是已故知名演員高倉健先生也時常造訪的店鋪。保留創業時氛圍的店內空間，讓人感受到彷彿穿越時空的感受。

MAP P.174 D-3
☎075-432-2598 ♠京都市北区小山西花池町 32-8 ◯9:00～17:00 🔒週日、國定假日

在京都享用就推薦這裡！

外觀就讓人心動♡為它雀躍不已的刨冰

與「炎熱的城市」京都相襯的絕品刨冰

在幾個主要都市之中，京都每年出現酷暑的日子，也是多到居於頂層的等級。因此能讓人感到涼爽的**刨冰**自然也相當受到歡迎，近年來一整年都會提供販售的店家也陸續在增加中。

接下來就從符合京都風範的**抹茶系**開始，再陸續介紹**甜點系**、**老舖系**等分門別類的推薦刨冰。請各位

果然無法忽視！
抹茶系

Ⓐ 抹茶雲水
1280 円
使用了 6 杯抹茶薄茶。
Espuma 奶油般的口感
真是難以抗拒

Ⓒ 桃子格雷伯爵茶
1600 円
刨冰裡面到處都能吃到
大塊的糖煮桃子

跟蛋糕一樣！
甜點系

Ⓑ 水果提拉米蘇
1500 円
讓人聯想到提拉米蘇的
微苦感所帶來的濃郁深
度風味就是它的魅力

※不定期提供

Ⓒ 京氷ゆきみ庵
きょうごおりゆきみあん

像是甜點般的刨冰

由甜點師發想的刨冰，兼具新鮮感與讓人聯
想到甜點的高級感是其魅力所在。也有適
合小朋友的品項，很推薦家族客前往。

[MAP] P.177 B-1
☎075-432-7700 ⊙京都市中京区西ノ京星池町16-
45 ⊙11:00～18:30（LO18:00）⊟週三、四 ⊘刨冰
往年都是於4月底～10月底期間提供

Ⓑ 京かき氷 つみき
きょうかきごおり つみき

口感超值得推薦的絕品刨冰

無論是夏秋冬，都能享受蓬鬆軟綿大型刨
冰的人氣店家。除了招牌品項以外，使用
當令水果或季節限定的品項也很豐富。

[MAP] P.181 B-4
☎ 075-744-0829 ⊙京都市中京区四条通新町上儿
小結棚町 441 ⊙ 11:30～20:30（LO20:00◎7～9
月的週六、日，國定假日為 11:00～）⊟週三

Ⓐ 清水一芳園カフェ 京都蛸薬師店
しみずいっぽうえんカフェ きょうとたこやくしてん

蓬鬆感的抹茶Espuma奶油

茶批發商開設的咖啡廳。名物是以抹茶
Espuma 奶油來製作的拿鐵和甜點。使用
的是每天只用茶臼研磨 500g 的貴重抹茶。

[MAP] P.180 E-3
☎075-708-5996 ⊙京都市中京区東側町503-15 ⊙
12:30～18:00 ⊟無休

※ 京都蛸薬師店目前歇業中，可選擇前往京都本店、抹茶カフェ
宇治久兵衛 2 階直營的咖啡廳。（2024 年 5 月確認）

◇◇◇ 在京都會覺得體感比實際溫度還熱，是因為焚風現象讓越過山的空氣變熱，以至於滯留在盆地內的空氣又變得更熱的緣故。

滿滿的水果！
甜美多汁系

E 鮮榨水果刨冰
1100 円～
因為容器也是冰做的，所以直到最後一口都能嘗到沁涼無比的滋味

讓京都的絕品刨冰
享用起來更加美味的極致3訣竅

1 最好事先確認可以預約的店家！
2 鎖定可以避免大排長龍的時間！
3 夏天請準備好周全的抗暑對策！

因為接受預約的店很多，所以最好先事前上官網等確認。如果不能預約的話，請鎖定剛開店或快要打烊前等比較容易入店的時段。另外，京都的夏天可是超乎想像的悶熱，因此請不要忘了攜帶陽傘和幫助降溫的用具。

D 彩雲
1540 円
品嘗時可以淋上會隨著季節變換的 5 種糖漿

吃了準沒錯！
老鋪系

F 京之白味噌
1100 円
除了白味噌之外還加入牛奶和白芝麻糖漿，最後擺上焦糖堅果

高雅的風味♡
京名物系

F 京の氷屋 さわ
きょうのこおりや さわ

使用了京都四季的味覺
以京都名產品製作的糖漿獲得好評。春天是櫻花和魁蒿、夏天是桃子和葡萄、秋天是大枝產的柿子、冬天是水尾產的柚子，四季都有使用季節食材的刨冰登場。
MAP P.175 C-4
☎ 075-384-0092 🏠 京都市上京区泰童片原町664-7 ⏱ 11:00 ～ 19:00(LO18:30) 🈺 週一不定休（請至官方 Instagram 確認）

E 祇園下河原 page one
ぎおんしもがわら ページワン

老鋪冰塊店推出的刨冰
由創業於明治 16（1883）年的「森田冰室店」開設。以冰塊製作的容器所盛裝的大分量刨冰，溫和的冰在口中化開的感受深具魅力。
MAP P.178 D-3
☎ 075-551-2882 🏠 京都市東山区下河原通八坂鳥居前下ル上弁天町435-4 ⏱ 11:00～18:00、18:00～2400 🈺 週三

D 二條若狹屋 寺町店
にじょうわかさや てらまちてん

也能品嘗到嶄新刨冰的老鋪
除了招牌冰品之外，也提供以上生菓子為概念的餡蜜刨冰和萊姆葡勒刨冰等個性派冰品。是間一整年都能享受刨冰的店家。
MAP P.184 F-4
☎ 075-256-2280 🏠 京都市中京区寺町通二条下ル 桝木町 67 ⏱ 9:00 ～ 17:30(茶房為 10:30～LO16:30) 🈺 週三、不定休

那一幕
真是精采呢！

櫃台
在這邊喔！

スケジュール

INTHE Afternoon (14:00-17:00)

將過去曾是藥局的大樓翻新後的空間。每一處都洋溢著充滿溫度的氣息

在「電影之城」京都接受文化的薰陶

最初在日本舉辦電影試映、也是國內最初製作劇情片的地方就是京都。目前在太秦也有向國內外發表許多作品、歷史悠久的電影公司片場。

正因為京都擁有「電影之城」這副面貌，所以很推薦大家利用傍晚的空檔時間，去一趟迷你劇院享受觀賞電影的樂趣。坐落於出町商店街一隅的<u>出町座</u>，是一個在小巧的空間內設置了50席左右的電影院、提供原創餐點的咖啡廳、選品品味絕妙的書店，將這三者集結在一起的場所。帶有手作感的氛圍也很迷人，就算是等待的時間也會感到很充實。

這裡總是在播放雖然沒有在大通路上映卻充滿熱情、會讓觀者留下記憶的優質作品，所以請事先在官方網站上確認之後再造訪。

○ ○ ○ 明治30（1897）年，實業家稻畑勝太郎在前立誠小學的中庭成功舉辦了國內首次的電影試映實驗。

出町座
てまちざ

劇院×咖啡廳×書店

附設咖啡廳「出町座のソコ」和書店「CAVA BOOKS」的小型電影院。2 間影廳每天會播放 10 部左右的電影。

(MAP) P.174 D-4 ☎075-203-9862 🏠京都市上京区今出川通出町西入上ル三芳町133 ⏰9:00左右～22:00左右 (視日期而異) 🔓無休

1大看板就是標誌 **2**復古的紅色門相當美觀 **3**入內後就會看到櫃檯 **4**等待時間就到櫃台對面的咖啡廳休息一下 **5**點完餐後就去書架那邊看看 **6**冰淇淋蘇打 700 円、布丁 500 円 **7**期待已久的電影鑑賞 **8**將挑選好的書包上原創書套帶回家

京都的迷你劇院還有這些喔！

街區中的四條烏丸和烏丸御池也有個性派的迷你劇院，請務必要過去看看喔！

アップリンク京都
アップリンクきょうと

充滿個性的內裝值得一看

內裝各有不同的 4 個影廳與獨自的音響系統讓人將觀影體驗刻畫在記憶之中。

(MAP) P.181 C-2

☎075-600-7890 🏠京都市中京区烏丸通姉小路下ル場之町586-2 新風館 B1 ⏰視播放時間而異 🔓以設施為準

京都シネマ
きょうとシネマ

上映軟、硬派的優質電影

於 3 個影廳播放國內外的優秀電影，從社會派到高娛樂性的作品都能看到。

(MAP) P.181 B-4 ☎075-353-4723 🏠京都市下京区烏丸通四条下ル水銀屋町620 COCON KARASUMA 3F ⏰視播放時間而異 🔓以設施為準

遠離都會塵囂的
奢華地理位置

ROKU KYOTO, LXR
Hotels & Resorts

温水池
非住房者費用
1万120円

1 將蘊藏於鷹峯大自然的天然溫泉運用在戶外的溫水池 **2** 準備了能配合個人元素與能量的方案 **3** 步行冥想和 **4** 瑜珈等健康活動能夠讓身體和心靈都充滿元氣

SPA MENU

元素平衡療程	60分	2万3656円
招牌天神川石療程	60分	2万6439円

Best time
16:00

一同來到優雅的空間！

非住房客也OK！在飯店
體驗奢華的SPA！

在古都的街區脫離日常、來到飯店進行護膚。想不想試看看如此奢侈的京都旅行呢？同時也確認一下非住房客也能利用的服務！

THE ROKU SPA
ザロクスパ

還能感受到大自然的能量

來到能夠眺望御土居和鷹峯三山、被前述的大自然妝點的飯店享受 SPA 療程。這裡備有北山杉的原創精油，以及水引、和紙等京都韻味的小物。如此舒適宜人的香氣與空間感，將帶領各位進入一段身心安穩的時間

MAP P.175 B-2

☎ 075-320-0136（THE ROKU SPA 直通）🏠京都市北區 衣笠 鏡 石 町 44-1 ROKU KYOTO, LXR Hotels & Resorts 內 ○ 溫 水 池 8:00 ～ 21:00、SPA 療 程 10:30 ～最後入場 19:30 🔓無休

◇ ◇ ◇ 寒暖變化大、四季更迭鮮明的鷹峯，作為紅葉季節的名勝而廣為人知。

106

HOTEL THE MITSUI KYOTO

進入洋溢靜謐感的水之空間
徹底享受非日常的時光

1 需換穿泳裝利用的溫水池SPA 2 推薦在結束SPA之後享用高人氣的下午茶（7100円～，需要預約） 3 修護療程也有多種方案

溫水池SPA
只要選擇60分鐘以上的修護療程就能入浴

結束療程之後
也別忘了下午茶！

SPA MENU
「月」光采珍珠水分補給美顏　60分　2万7000円
「時」珍珠寧靜儀式　90分　3万9500円～

サーマルスプリング SPA
サーマルスプリングスパ

在市街中體驗天然溫泉SPA
能享受從飯店腹地地下湧出的溫泉的SPA空間。由「時」、「音」、「光」、「香」、「水」等5個主題所構成的空間能夠讓人滋潤五感、身心暢快。

MAP P.177 C-1
☎075-468-3125（SPA預約）🏠京都市中京区油小路通二条下る二条油小路町284 HOTEL THE MITSUI KYOTO內 ◎10:00～22:00（當日最後入場會視方案而異）🔒無休

擷取京都古老的恩惠
所製作的原創產品

SPA MENU
平衡　60分　2万円
淨化儀式　90分　3万3000円

MUNI SPA
ムニスパ

被自然恩惠擁抱的SPA
透過充分擷取自然恩惠的療程，喚醒原本的身體、將內心與身體都導向原來那個自然端正的狀態。

MAP P.185 B-2 ☎075-863-1110
🏠京都市右京区嵯峨天龍寺芒ノ馬場町3番 MUNI KYOTO內 ◎13:00～21:00（事前預約制）🔒無休

MUNI KYOTO

1 由天然素材呈現出安穩氛圍的空間 2 將選用水尾的柚子、北山杉等京都產的素材製作的原創產品用於療程，令人相當享受

京都風範的空間也深具吸引力♡
空檔的0次會* 就先到立飲店家喝一杯

介紹在天色還很亮的時候適合先喝上一杯的店家！

立ち飲み＃木屋町受歡迎的理由

使用優質素材並將分量控制在 1 人份左右，能享受多種價格公道且美味的逸品。店家營造出女性也能放心獨自入內的氣氛也是高人氣的理由之一。

一個人也可以用餐嗎？

たち呑みしゃーぶ 17時オープン

講究的京都日本酒

以京都為首的全國各品牌日本酒（小，60ml）580 円〜。無論是哪個牌子都是以均一價格提供。

以井上先生的「井」為設計意象的看板就是識別標誌

1 便宜到令人訝異！馬鈴薯沙拉 80 円 **2** 蟹膏奶油 起司 380 円 **3** 韭菜蛋 380 円 **4** 刺身 3 種 980 円。但仔細數一下就發現……

我是店主井上喔！

立ち飲み＃木屋町
たちのみしゃーぶきやまち

河原町屈指的人氣酒場

以魚貝類為中心，提供 60 種左右的料理與酒類。店主井上先生散出的開朗活力也大獲好評，有時開店 30 分鐘就會客滿了。使用清水燒器具等講究的細節也值得讚賞。

MAP P.180 F-5
☎ 080-3812-8844 ♠京都市下京區斎藤町 140-17 ⏰ 17:00〜24:00（週六、日，國定假日 12:00〜22:00） 🔒 週三、不定休（請至 Instagram 確認）

◇◇◇「立ち飲み＃木屋町」常被喜愛飲酒的人擠滿。可以的話最好是鎖定開店的 17 點上門。

■1 1 樓準備了吧檯席和桌席。2 樓設有酒吧吧檯，充斥著讓人想像不到這是町家的西洋氣息 ■2 日本酒（90ml）390 円～。其他的酒類也很豐富

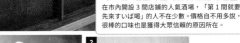

すいば 蛸薬師室町店受歡迎的理由

在市內開設 3 間店鋪的人氣酒場，「第 1 間就要先來すいば喝」的人不在少數。價格自不用多說，很棒的口味也是獲得大眾信賴的原因所在。

要從哪種開始喝？

感覺很好吃！

すいば 蛸薬師室町店
すいば たこやくしむろまちてん

京都素材製作的絕品小菜

使用京野菜等京都風情素材製作的餐點非常豐富。能品嘗由日本酒侍酒師推薦的酒也是本店特點。

(MAP) P.181 B-3
☎ 075-221-7022 ☗京都市中京区蛸薬師通室町西入ル ◷ 15:00 ～ 23:00（週六、日、國定假日 12:00 ～）🔒不定休

■1 使用京野菜、色彩鮮明的餐點很受歡迎 ■2 すいば 馬鈴薯沙拉 250 円 ■3 蟳味棒一本炸 290 円

GION TACHINOMI 山根子受歡迎的理由
設有 8 支供應京都精釀啤酒的龍頭以及超過 40 種的瓶裝啤酒。除此之外還備有 50 種的京都日本酒！能夠接連暢飲京都的美酒是本店的一大魅力。

請認明貓圖案的暖簾！

■1 位於八坂神社附近的店鋪 ■2 ・ ■3 炙燒者拼盤 2000 円，很適合當下酒小菜！ ■4 可以向店員詢問他們推薦的啤酒和日本酒 ■5 有時能和稀有的啤酒相遇 ■6 也推薦試飲品評無添加的原創濁酒，1500 円

GION TACHINOMI 山根子
ギオン タチノミ やまねこ

集結京都產的酒類！

供應京都產精釀啤酒、地酒、蒸餾酒等品項的酒場。改裝自茶屋的空間魅力不凡，設有吧檯席和桌席。

(MAP) P.178 D-1
☎ 050-5462-3741 ☗京都市東山区祇園町北側321-1 ◷ 13:00 ～ LO23:00 🔒無休

想在午後的甜美午茶時間品嘗

閃亮耀眼的芭菲

盛裝到溢出玻璃杯之外的美麗芭菲。它們各自彙集而成的世界觀也值得注目！

聳立的巧克力

非常出色的平衡感！

這是黑芝麻冰淇淋

清爽的後味

藝術品品！

義式冰淇淋

巧克力♡

這是獨一無二的芭菲

滿滿的莓果

美麗無比

想要一直望著它♡

IN THE Afternoon (14:00-17:00)

---

3 「SUGiTORA」的 巧克力芭菲

在 3 種義式冰淇淋上放上口感酥脆的焦糖巧克力等配料，經過縝密計算、構成出色的芭菲。1650 円

2 「祇園きなな」的 Berry Berry きなな

加入原味、黑芝麻、抹茶冰淇淋的人氣芭菲。莓果的酸味跟冰淇淋下方的優格形成絕妙的平衡！1200 円

1 「sui 東山」的梵谷作 「3朵向日葵」概念芭菲

會隨著季節變化聚焦於某位藝術家，提供輕食或甜點。推出的芭菲也會基於當時選擇的概念而改變。1800 円

---

3 SUGiTORA
スギトラ

MAP P.180 E-3

☎ 075-741-8290　京都市中京区中筋町 488-15

僅提供燒菓子外帶 10:00 ～ 12:00、咖啡廳 13:00 ～ LO18:00（售完即打烊）週二、三

2 祇園きなな
ぎおんきなな

MAP P.179 C-2

☎ 075-525-8300　京都市東山区祇園町南側 570-119　11:00 ～ LO17:30（預約優先制，請至官方官方 Instagram 預約）不定休（請至官方 Instagram 確認）

1 sui 東山
スイ ひがしやま

MAP P.182 D-5

☎ 075-746-2771　京都市東山区分木町 74

11:00 ～ 17:30（週六、日、固定假日則～ 18:30）週一（逢固定假日則營業）

6 「GION NISHI CAFÉ」的抹茶芭菲

能盡情享受濃郁抹茶風味的芭菲。宛如雪花球般的美感與高價品牌器皿都菲常觸動人心。1800円

店內環境也很棒♡

被光錄的外觀所感動

季節限定自子稀有芭菲

夢幻感爆棚

宛如童話故事一般

少女心悸動不已

7 「金の百合亭」的每月更替芭菲

使用練切等和菓子的素材，每月都會替換的芭菲。各1380円。
※關於營業日需要至官方Facebook確認

每個季節都想吃♡

太可愛了吧

一腳踏入繪本的世界!

可愛到讓人每個月都想來一趟♪

5 「Lignum」的季節芭菲

用滿滿的栗子搭配作為重點的咖啡，是款大人風格的芭菲。2400円～

4 「café Cherish」的美人魚暮光之湖漂浮飲

以日出之前的浪漫海洋為意象。在杯中漂浮、模擬海藻的果凍球，能享受到在口中綻裂的口感。1600円

---

7 金の百合亭
きんのゆりてい
[MAP] P.178 D-1
☎ 075-531-5922 ♠京都市東山区祇園町北側292-22F ◷11:00～LO17:30 ♠週三、四（逢國定假日則營業）

6 GION NISHI CAFÉ
ギオン ニシ カフェ
[MAP] P.178 D-3
☎ 075-531-7724 ♠京都市東山区月見町 21-2 2F ◷11:00～LO18:00 ♠週一、不定休

5 Lignum
リグナム
P▶45

4 café Cherish
カフェ チェリッシュ
[MAP] P.184 E-4
☎ 075-211-5705 ♠京都市中京区柳馬場二條下ル等持寺町 4-6 ◷11:00～LO17:00 ♠週一、二（逢國定假日則營業，可能有不定休的情況）

華美的抹茶點心盤

外觀也很秀麗動人

使用風味豐富的抹茶製作的華麗甜點盤。
喜歡抹茶的人絕對會欲罷不能！

3 「茶筅-Chasen-」的抹茶・玉手箱甜點

以京懷石的八寸盛為靈感製作。設有打開桐箱的瞬間就會立刻飄出白煙的機關，興致肯定會為之振奮！1815 円

讓人興奮無比

要從哪個開始品嘗呢？

1 茶筅 -Chasen-
ちゃせん
MAP P.185 B-4
☎075-352-3401 ♠京都市下京区東塩小路町901 京都駅ビル10F 京都拉麵小路內
◎11:00～22:00 ♦不定休

這個好吸引人

只使用京都的美山牛奶製作的純牛奶冰淇淋，連同抹茶凍一起演出絕妙的合奏。1650 円

1「麩屋柳綠」的 RYU-RYOKU

品鑑茶的又香又韻味

2 麩屋柳綠
ふやりゅうりょく
MAP P.180 D-2
☎075-201-7862 ♠京都市中京区麩屋町通六角上ル白壁町439 ◎11:00～18:00 ♦週三（逢國定假日則週四休）

美麗的又甜點

2「茶三楽」的抹茶全席

以茶道具作為器皿的抹茶慕斯蛋糕等品項一字排開，夢幻般的甜點。3300 円（春、秋季提供。價格與供應時間請至官方 Instagram 確認）。

3 茶三楽
ちゃさんらく
MAP P.185 B-2
☎075-354-6533 ♠京都市右京区嵯峨天龍寺造路町7 ◎11:30～17:30(LO17:00) ♦不定休

跟抹茶一起享用♡

肯定超好吃♡

從糰子到銅鑼燒……
五花八門的甜食

一口吞小的米俵型糰子

4 「梅園 三条寺町店」的御手洗糰子

烤成淡褐色、樣子可愛的米俵型御手洗糰子。裹上滿滿一層的秘傳醬汁是創業以來一路持續守護的不變風味。480 円

4 梅園
三条寺町店
うめぞの さんじょうてらまちてん
[MAP] P.180 E-2
☎075-211-1235
🏠京都市中京区天性寺前町526 ⊙10:30~19:30(LO 19:00)🔒無休

這個月的米俵燒是哪一種？

5 「ぎおん徳屋」的本蕨餅

使用國產本蕨粉製作、放入碎冰的蕨餅滑嫩到彷彿要融化。可搭配黃豆粉和黑蜜後品嘗。1320 円

5 ぎおん徳屋
ぎおんとくや
[MAP] P.179 C-2 ☎075-561-5554 🏠京都市東山区祇園町南側570-127 ⊙12:00~18:00(售完即打烊)🔒不定休

6 「大極殿本舗六角店 甘味処 栖園」的琥珀流

為滑嫩水靈的寒天與當令素材淋上自家製蜜的琥珀流。每個月都會更換口味，顧客能夠盡情從中體驗季節感。850 円

6 大極殿本舗六角店
甘味処 栖園
だいごくでんほんぽろっかくみせ
あまみどころ せいえん
[MAP] P.180 D-3
☎075-221-3311 🏠京都市中京区六角通高倉東入ル堀之上町120 ⊙10:00~17:00(和菓子販售為9:30~18:00)🔒週三

7 「どらやき亥ノメ」的銅鑼燒

將高雅的紅豆餡夾進以濕潤＆蓬鬆口感兼具為魅力的餅皮裡頭。雖然樸實卻吃不膩的美味程度讓它擁有許多的支持者。260 円。

7 どらやき亥ノメ
どらやきいノメ
[MAP] P.183 B-4
🔒無 🏠京都市北区大将軍西鷹司町 23-31
⊙11:00~16:00
🔒週三、四、日

柔軟外皮之下是滿滿的餡料

8 「かさぎ屋」的萩餅

大正3（1914）年創業。三色萩乃餅是招牌品項，能品嘗使用丹波大納言紅豆製成的豆餡和豆沙餡，再加上黃豆粉等3種風味。750 円

8 かさぎ屋
かさぎや
[MAP] P.178 E-4
☎075-561-9562 🏠京都市東山区桝屋町349 ⊙11:00~18:00 🔒週二(逢國定假日則營業)

黃豆粉 紅豆沙餡 紅豆餡

京都24H

瓦版

晚報

這裡彙整了許多能讓京都之旅更加充實、會令各位很想造訪的景點。午後～傍晚的時段請務必要走訪看看喔!

能夠體驗感茶的魅力

茶鋪老店的新設施

在宇治誕生了!

以五感來體驗茶的深奧世界

擁有創業將近190年歷史的茶鋪老店「森半」於2023年6月開設了向世人傳達茶之魅力所在的複合設施!這個自森半創業以來就一路使用至今的建築物經過改造,空間內設為了能鑽研茶的品質與特徵而進行審查的拜見場、也會播放能夠深入學習茶知識的影片,讓人們能夠接觸到茶更加深層的多彩魅力。此外,改造自倉庫的咖啡廳「森半·藏カフェ」也會供應森半引以為傲的茶甜點和飲料。同時還附設了能將剛出爐茶甜點帶回家的菓子工房,可在此購買很適合外帶或當成伴手禮的生銅鑼燒以及燒菓子等。如果想要更加理解茶的世界,絕對要來一趟!

彷徉於近距離觀賞茶樹與綠茶浮游植物瓶的貴重體驗

也別錯過烘焙點心

抹茶拿鐵必點!

有抹茶拿鐵1100円和燒菓子216円⋯等品項

TEA SQUARE MORIHAN
ティースクエア モリハン
MAP P.173 B-5 ☎0774-51-1519 ♠宇治市小倉町久保78
🕐9:30～17:30(咖啡廳為10:00～LO16:30) 🏠週日

美食和甜點都大大升級!

京都塔三明治

重新開幕!

新的店家登場!

位於京都塔地下1樓至地上2樓的商業設施「京都塔三明治」在大幅翻新後於2023年4月重新開業!京都府內的許多人氣店鋪在此展店,吸引了在地客人與觀光客的注目。

那家世界級品牌的咖啡廳來到了祇園!

agnès b.在創辦人喜愛的祇園開設了該品牌的概念店&咖啡廳。能在此實際感受法國與京都精神調和後的世界!

京都タワーサンド
きょうとタワーサンド
MAP P.185 B-4
☎075-746-5830(10:00～19:00) ♠京都市下京区烏丸通七条下ル東塩小路町721-1 🕐11:00～23:00(B1)、10:00～21:00(1F)、10:00～19:00(2F) ※視店鋪而異 🏠無休

館內多處可看到運用詩人·最葉タヒ女士作品的公共藝術

能在咖啡廳享用使用大量當令水果製作的甜點

真是時尚!

改裝町家的空間!

アニエスベー 祇園店
アニエスベーぎおんてん
MAP P.179 C-2 ☎075-334-5202
♠京都市東山区祇園町南側570-128
🕐10:00～18:00 🏠週三

刚做好,熱騰騰

可從兩種麵條中選擇的原創炒麵人氣店家也加入了陣容!

活用自豪的高湯製作出的「高湯版」以及茶鋪老店監修的甜點鋪推出的甜點等美食都相當豐富

景觀咖啡廳

因源氏物語而受到矚目！想結合廬山寺行程一起造訪的

探訪跟紫式部有所淵源的寺院與附近的咖啡廳。

相傳廬山寺是2024年的NHK大河劇主角·紫式部居住、撰寫《源氏物語》的地方。本堂前方是與《源氏物語》有關的「源氏之庭」，能在這裡欣賞盛開的桔梗花，度過寧靜的時光。拜訪完廬山寺之後，也推薦大家到附近的京都御苑內的咖啡廳，或坐落於梨木神社境內的人氣咖啡站稍微歇息一下。

廬山寺
ろざんじ
MAP P.184 F-1
☎075-231-0355 ♠京都市上京区寺町通広小路上ル北ノ辺町397 🕐9:00～16:00 💰入場費500円 🔒無休

> 招牌的抹茶芭菲

SASAYAIORI+ 京都御苑
ササヤイオリプラス きょうとぎょえん
MAP P.174 D-4 ☎075-256-7177 ♠京都市上京区京都御苑3 🕐10:00～16:30 (LO16:00) 🔒週一 (逢國定假日則隔日平日營業)、年末年始

Coffee Base NASHINOKI
コーヒー ベース ナシノキ
MAP P.184 F-1
☎075-600-9393 ♠京都市上京区染殿町680 梨木神社境內 🕐10:00～17:00 🔒無休

種子點心是什麼？

傳統×現代的形式！

想要一起品味咖啡和紅酒

將利用於製作甘納豆的「砂糖漬」技術活用在可可和開心果等素材，製作出嶄新印象的菓子，因此蔚為話題。茶飲自不用多說，也很推薦用咖啡或紅酒來搭配。

> 義式冰淇淋必點！

> 原料很單純！

SHUKA
シュカ
MAP P.177 B-1
☎075-841-8844 ♠京都市中京区壬生西大竹町3-1 🕐11:00～17:30 (2F咖啡廳～LO17:00) 🔒週一

複合設施倍受矚目！

由近代建築改裝的

傳統與革新的巧妙融合

想不想在留有許多近代建築的京都來趟欣喜雀躍的絕佳建築物巡禮呢？推薦給各位的是將過去的電信局建築物翻新的「新風館」，以及活用過往小學建築物的「立誠花園 HULIC 京都」。無論哪一處都附設有許多店家與飯店，能讓你經歷充滿特別感的體驗。

> 發酵食品的飲料！

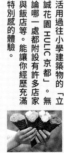

新風館
しんぷうかん
MAP P.181 C-1 ♠京都市中京区烏丸通姉小路下ル場之町586-2 🕐11:00～20:00 (商店)、11:00～22:00 (餐館) ※視店舖而異 🔒無休

立誠花園 HULIC 京都
りっせいガーデン ヒューリックきょうと
MAP P.180 F-4
♠京都市中京区備前島町310-2 🕐視店舖而異 🔒無休

韓國甜點 絕對不可錯過！

時髦×美味的甜點

少女心因此悸動♡

獲得韓國女性關注的甜點目前也陸續在京都登場。其中特別引發討論的就是採用自韓國訂購的瑪德蓮和費南雪等燒菓子以及奶油拿鐵。據說費南雪浸泡一下風味醇厚的「奶油拿鐵」再享用是目前的流行趨勢。

> 柔和的風味

Berry Button
ベリーボタン
MAP P.179 C-4 ☎無 ♠京都市東山区轆轤町110-7 🕐11:00～18:00 🔒不定休

京 都 的 夜 晚
IN THE
Night
18:00 - 21:00

街上的氛圍悄然一變的京都夜晚。
除了御番菜，還有和食、法國料理
等，今天的晚餐該吃什麼好呢？一
訪魔幻時刻的空中酒吧等場所也是
種不錯的選擇。另外也可參加欣賞
期間限定的夜間點燈活動行程。

御番菜在吧檯上一字排開的「あおい」。是一間老闆娘開朗的性格也廣獲好評的店家→ P.129

一邊感受身處在京都、一邊享受的大人京都

想要感受舒適的風、圍中的感覺，並且展開很棒的感覺。對於抱持這種期望在京都美麗景色的陪伴下度過特別時光的空中酒吧。高聳的建築物在京都這裡並不常見，因此能欣賞到即將隱沒在山邊的夕陽與街景交織而成的景觀。

位於東山區的「K36 The Bar & Rooftop」和「CICON ROOFTOP BAR by NOHGA HOTEL」，兩者都是能眺望京都市內環境並暢飲美酒的人氣場所。那些連在地的人們都無法移開視線的美景，相信一定會留存在各位這次前來京都旅行的記憶之中。而且這兩家酒吧都有提供無酒精調飲，所以即便是平時沒有機會造訪酒吧的人也一定能滿意！

天空和山都好漂亮！

一定要拍張照！

八坂塔！

IN THE
Night (18:00–21:00)

Nice view points
八坂塔就在眼前！
不光是象徵京都的法觀寺，八坂塔以及清水寺，更以能夠 360 度全景飽覽歷史悠久的京都街道為傲！春天有櫻花、夏天有五山送火、秋季則是能夠享受紅葉美景。

Best time
18:00
以暮光的美景作為背景……
空中酒吧的
暮色景緻真是一絕

1 於京都推出概念各異其趣的酒吧的西田稔先生參與企劃 **2** 雞尾酒 1320 円～。此外也備有紅酒和威士忌等酒款

2　　**1**

✷ ✷ ✷ 空中酒吧可能因為天候不佳而停止開放，請務必在事前確認天氣狀況。

開放感
滿分！

真的
太棒了♪

啤酒也
很美味！

▶京都塔～

CICON ROOFTOP BAR by NOHGA HOTEL

シコン ルーフトップ バー バイ ノーガ ホテル

篝火營造出了幻想般的氛圍

以京都風情的景觀為背景，體驗一段坐在篝火附近品味招牌調酒的特別時間。因為有提供簡單的塔可餅和小點，很適合於用餐前的時段利用。

MAP P.179 C-5
☎075-323-7121 ▲京都市東山区五条橋東4-450-1 NOHGA HOTEL 6F
🕐15:00 ～ 24:00 (LO23:00) 🔒無休

Nice view points
從京都塔到比叡山都能一覽無遺

能夠眺望京都塔和比叡山、開放感滿分的空中酒吧。傍晚時分更是能盡情徜徉於被美麗的日落妝點的魔幻時刻。令人沉醉在幻想般的氣氛之中♪

K36 The Bar & Rooftop

ケーサーティーシックス ザ バー アンド ルーフトップ

令人著迷、位置很棒的酒吧

位於「ザ・ホテル青龍 京都清水」內的主要酒吧＆空中酒吧＆餐廳，即便是非住房客也能利用。能在擁有開放感的空間享受由京都景緻點綴的大人時光就是本店最大的魅力。

MAP P.178 D-4
☎075-541-3636 ▲京都市東山区清水二丁目204-2 ザ・ホテル青龍 京都清水 4F 🕐空中酒吧13:00 ～ 22:00 (餐點LO21:00、飲料LO21:30) 🔒不定休

完全不需要繃緊神經！
夜晚也能輕鬆造訪的
吧檯和食店都在這裡

即便是給人門檻很高印象的和食店，也還是存在可讓人輕鬆用餐的店家。

能夠以單點為主來品嘗、佇立於住宅區的和食名店

IN THE NIGHT（18:00-21:00）

有合您的口味嗎？

吧檯和食店的魅力在於？
・能夠現場實際觀看調理的過程！
・飄過來的香氣令人興致盎然！
・與店主的談話也是樂趣的一種！

料理りはく推薦的 3 道菜

山葵鴨
1980 円
肉汁滿溢的鴨肉的鮮味再加上山葵的重點提味，簡直絕妙！

天然鱉小鍋
2640 円
將也會在京料理中登場的鱉做成一人份的鍋物料理，相當奢華

炭燒秋鯖佐蘿蔔泥與風味羹
（每年 9 月～ 2 月中旬為止）
950 円
帶油脂的鯖魚搭配蘿蔔泥與風味羹。用於風味羹的豐富辛香配料發揮了效果

料理りはく
りょうりりはく

以當季食材製作的單點和食
佇立於住宅區之中、以單點為主的店家，提供重視季節感的逸品。備有最適合作為佐餐酒的日本酒，有 8 種左右，1 合 1320 円～。店主率真的性格也為用餐環境營造出舒適宜人的氣氛。
MAP P.177 B-1 ☎ 075-802-8028
🏠 京都市中京区西ノ京永本町 9-16
🕐 17:30 ~ 22:00 🚫 週日、不定休

備有炭火燒烤和季節單品等 30 種以上的餐點陣容

飄出的香氣讓人十分期待！

○○○ 為了在造訪和食店的時候享受纖細的風味與香氣，請盡可能不要噴灑香水。

120

主廚搭配套餐
5500 円
使用京都在地的當令食材進行製作。菜單每個月都會變化

從食材的選擇到高湯的萃取都相當仔細,是本店的講究之處

歡迎大家輕鬆地光臨喔

くずし理
くずしことわり

平時也可上門的割烹料理店
餐點只有 5500 円的主廚搭配套餐。提供在忠實遵守和食基礎的同時也時而活用香料、能從中感受到玩心的料理。

(MAP) P.176 D-2
☎ 090-8536-5489 ♠京都市下京区万寿寺通堺町東入ル俵屋町 239-2 ⊙ 18:00 ～ 22:30
🔒週三、每月的最後一天

新手也能輕鬆地造訪、
價格適宜的吧檯割烹

鯖魚壽司
850 円
用濃口醬油和昆布高湯炊煮製成的醋飯,和鯖魚形成絕妙的組合

各位不要太狗謹喔!

てらまち 福田
てらまち ふくだ

將來自名店的口味以單點供應
店主出身自京都的知名料亭「和久傳」,因此很擅長料理鱉和甘鯛等高級食材。同時還能提供親子丼和馬鈴薯沙拉等品項,餐點陣容之廣也是本店迷人的地方。

(MAP) P.180 E-5 ☎ 075-343-5345 ♠京都市下京区寺町通仏光寺下る惠美須之町 528 えびすテラス 2F ⊙ 12:00 ～ 14:00・17:00 ～ 22:30 🔒週三、每月第 2 和第 4 個週二

鱉土瓶蒸
2000 円
使用長崎縣產的鱉。是一整年都能嘗到的人氣菜色

吧檯席旁邊也有桌席,是間多人用餐也很方便的店鋪

從使用高級食材的餐點到平時習慣的風味都能變換自在

5 6 7 8 9 10 11 12 13 14 15 16 17 **18** 19 20 21 22 23 0

Best time

18:00

藝妓、舞妓們也非常喜愛

所謂的**京都中華**是什麼呢？

IN THE **Night** (18:00-21:00)

広東御料理 竹香
推薦的京都中華就是這些！

春捲
800 円
（照片為 2 人份）
用雞蛋和高筋
麵粉製作的春
捲皮與蔬菜量
多的配料達成
絕佳的平衡！

難以抗拒的
酥脆多汁口感！

糖醋豬肉
1100 円
前代店主追
求的原創甜
醋孕育了溫
和的口味

也要攝取
蔬菜喔！

萵苣包　1760 円
將豬絞肉製成的
肉味噌包進蔬菜
裡享用。也可依
喜好加入海鮮醬

蝦子
很Q彈！

乾燒蝦仁
1100 円
起初能感受到甜味，隨後而來的是豆瓣醬的辣味，實在令人著迷

風味清爽的理由是
因為位在祇園的花街？
控制辛香料和油的用
量，調理出高雅且溫和的
口味，正是「京都中華」
這種料理的特徵。為了追
求，就連觀光客也開始造
訪提供京都中華的餐廳。

「広東御料理 竹香」也
是京都中華的名店之一。
曾在河原町的「芙蓉園」
修業的初代店主於昭和41
（1966）年獨立開業。
據說因為花街地域特性的關
係，經常會有很多藝妓、舞
妓前來用餐，所以才會做
成能讓她們在工作前輕鬆
享用的餐點。名物「春捲」
和「糖醋豬肉」等菜色之
所以能做成一口大小，也
是來自於店家為了讓櫻桃
小嘴的藝妓、舞妓們也能
方便用餐的細心思慮。一
盤餐點的分量很足，卻不
會讓人感到腸胃不適，因
此從年長者到小孩子，獲
得了廣泛世代的喜愛。

✿ ✿ ✿ 也提供能品嘗「春捲」和「糖醋豬肉」等菜色的套餐料理 4840 円～。請一定要事前預約。

122

名物「春捲」和「糖醋豬肉」是絕對必點的品項。高雅且溫和的風味會讓人不自覺地笑逐顏開

該先吃
哪一道呢…

広東御料理 竹香
かんとんおりょうり たけか

於祇園開業半世紀以上的名店

佇立於祇園新橋旁的中華料理店。一直以實惠的價格提供融入京都精華的廣東料理，也受到花街深厚的信賴。讓人感到舒適的店內環境也是賣點之一。

MAP P.179 C-1 ☎075-561-1209
京都市東山区橋本町390
🕐17:00～21:00（LO20:20）
週二

123

Best time

19:00

無論餐點還是空間都讓人期待♡

在時髦的旅館品嘗**特別的晚餐**

與融合京都精髓的出色旅館晚餐一起度過超棒的夜晚。

ryu no hige
リュウノヒゲ

透過法國料理遊覽京都

將活用京料理素材的調理方式融合法國料理的豐富玩心。能在此享用的是以「京旅」為主題、將京都各地名勝融入其中的套餐料理，處處洋溢設計面的創意用心。

※ 目前變更為僅提供午餐（12:00 ～ LO14:00）。（2024年5月確認）

晚餐MEMO
預約：需要　衣著規定：有
預算：6600 円～

那麼，就踏上旅程吧！

(MAP) P.176 D-2

☎ 075-365-3210　🏠 京都市下京区大政所町 678 ダイワロイネットホテル京都四条烏丸 1F　🕚 11:30 ～ LO13:30、17:30 ～ LO 20:00　🔒 不定休

以位於京都各地的名勝為概念，準備總計 8 道的料理。

晚間套餐（範例）

甜點	強肴	御造	八寸	前菜
內心被伏見稻荷大社那宛如幻境般的世界給擄獲	以極具京都意象的平安神宮大鳥居為概念	前往與生肖中的兔子有所淵源的東天王岡崎神社	巧妙地表現被靄靄白雪妝點的嵐山	讓內心為之悸動的京都旅行就由此展開！

◇◇◇ 每間店的用餐衣著規定都有所不同。建議各位事前至官方網站等處確認。

@Luxury hotel SOWAKA

ラ・ボンバンス祇園
ラ・ボンバンスぎおん

晚間套餐

餐廳

傳統×革新的日本料理
由連續 10 年獲得米其林指南星等評比的東京餐廳「ラ・ボンバンス」開設。承襲日本料理傳統，並且也讓發想自由馳騁的創作料理，獲得了許多美食家的支持。

大津唐工藝的天井和漆喰牆構成的時尚店內空間

MAP P.178 D-2 ☎075-541-5324 京都市東山区清井町480 ラグジュアリーホテルSOWAKA內 ◎12:00 ～ LO13:30、17:30 ～ LO21:00（套餐LO19:30） 無休

酒吧

旅館內還有附設吧檯的榻榻米席位酒吧

晚餐 MEMO
預約：需要　衣著規定：有
預算：1 萬 8000 円～

外觀美麗的料理齊聚一堂。是每個月都會更換的套餐（範例）

位於洋溢風情的祇園也是很棒的特點

@丸福樓

閱讀區

晚餐 MEMO
預約：僅限每月特定日用餐（需要預約）
衣著規定：有　預算：9500 円～

carta.
カルタ

溫故知新的優秀洋食料理
將日本自古以來的調味料、辛香配料、發酵食品用於提味，供應表現出四季更迭的洋食料理。凝聚由當令食材催生的素材鮮味所完成的逸品以及講究的飲料，能讓各位於此度過一段極為幸福的時光。

MAP P.185 B-3 ☎075-353-3355（餐廳總洽詢） 京都市下京区正面通加茂川西入鍵屋町342 丸福樓內 ◎7:00 ～ LO10:00、17:30 ～ LO21:00 無休

晚間套餐

1・2・3 由料理家，細川亞衣女士監修。提供口味和香氣都不足了工夫，從料理的名稱難以想像其風味的餐點

19:00

圓山公園
まるやまこうえん

歷史悠久的夜櫻風景
京都首屈一指的賞櫻勝地。園內的枝垂櫻那頗具風韻的姿態在燈光的照射之下，展現出不同凡響的美麗。這個時期從圓山公園一路漫步到高台寺、清水寺的路程也別有韻味，是非常棒的行程。

(MAP) P.178 E-2

☎ 075-561-1778　🏠 京都市東山区円山町 ⑦◎自由入園 🔒無休

這就是日本之美！

季節限定☆春夏秋冬的
夜間點燈真是無比莊嚴

因應季節更迭，在京都的許多地方都會舉辦不同特色的夜間點燈活動。不知不覺間，已經對幻想般的光景深深著迷。

櫻花盛開！

IN THE Night 18:00〜21:00

春

祇園枝垂櫻點燈
期間：3月上旬～4月上旬
時間：日落～24:00（結束時間未定）
費用：免費

七夕許願竹點燈
期間：7月上旬～8月中旬
時間：日落～20:00左右
費用：免費

夏

貴船神社
きふねじんじゃ

將心願傾注於短冊之上
全國多達 2000 社的水神信仰總本宮。在這段期間，掛滿參拜者祈願短冊的翠綠竹枝隨風搖曳的景象深具魅力。同時期也會在本宮的境內舉辦手作市集。

P▶34

◇◇◇ 每年的活動期間可能會有所變化，請務必預先至官方網站或社群平台確認後再前往。

紅葉苑點燈
期間：11 月 11 日～ 12 月 3 日
時間：日落～ 22:00
費用：1200 円（附茶菓子）

一定要
拍下來！

秋

北野天滿宮
きたのてんまんぐう

被紅葉的絕景給圍繞

場所為每年於春秋兩季開放、由豐
臣秀吉公興建的史跡「御土居」。
進入秋季，便能一覽由大約 350 棵
紅葉樹所構成的美麗光景，能夠從
上往下俯視、或是由下往上仰望，
經由各式各樣的角度來欣賞。
P▶73

冬

貴船神社
きふねじんじゃ

下雪的時候就想一訪

平時到晚上六點就結束的參觀時間
會於這個期間內延長，直到晚間八
點都能看到被光照耀的白雪景觀，
是非常珍貴難得的機會。是否舉辦
會於當天下午 3 點前於官方網站或
社群平台上公布。
P▶34

積雪日限定點燈
期間：1 月上旬～ 2 月下旬的
　　　週六、日、國定假日
時間：日落～ 20:00
費用：免費

都難得來京都一趟了……

想嘗嘗御番菜就不能錯過這裡！

感覺好好吃！

讓您久等了～

1 距離店主很近也是本店的魅力 2 從家庭式御番菜到使用魚貝類等食材的逸品，能選擇的餐點範圍相當廣 3 店內的吧檯席加上桌席共有 16 個位子

布
ふ

當地的人氣御番菜酒場

在西院當地以附近的人為核心顧客、長年倍受愛戴的居酒屋。提供盛裝在大鉢裡面的御番菜或單品料理，目光也不自覺地被吸引。就算平日也經常客滿，最好事先預約。

MAP P.177 B-2

☎ 075-314-5002 🏠 京都市右京区西院 北矢掛 町 36-3 ⏰ 17:00～24:00(週日為～23:00) 🔒 週四、每月第 3 個週三

暖呼呼的

御番菜拼盤 550 円

交由店主決定、從當天準備的御番菜中挑選裝盤

穴子魚生魚片 980 円
能透過生魚片或煮物等多樣化的料理法去品嘗節魚貝類

芋頭湯葉羹
850 円
口感黏稠的芋頭與湯葉的溫和風味讓內心都獲得療癒

說到京都的傳統家庭料理，那就是「御番菜」了。善用高湯的高雅風味，搭配美酒一起享用也是無比契合。能讓人確實感受到「來到京都了」。

❖❖❖ 代表京都家庭料理的「御番菜」，也被稱為「御雜用」或「御回り」。

128

從初代一路傳承到現在的第3代老闆娘，代代都細心守護著京都「廚房的風味」。還可以地酒為中心、品嘗紅酒、梅酒等酒款

一位客人這邊請！

這個要嘗嘗！

芥末蓮藕
(2 片)700 円

柔軟的蓮藕跟芥末很搭！

鰤魚蘿蔔　880 円
滲入鰤魚鮮味的蘿蔔堪稱絕品

燉煮生節與蜂斗菜　880 円
蜂斗菜那撲鼻的香氣與微苦風味會讓人上癮

若竹煮　980 円
以高湯燉煮新筍和新裙帶菜的料理

萬願寺辣椒小魚　880 円
很有京都風味的萬願寺辣椒搭配吻仔魚的美味

萬願寺辣椒　500 円
使用京野菜的菜色也相當豐富

醃漬物拼盤　600 円
想要慢慢小酌的話就不能錯過這個

賀茂茄子田樂　980 円
茄子加上白味噌和堅果，形成絕妙的平衡

緋魚茄子　880 円
經過甜辣調味的緋魚和茄子非常下酒

れんこんや

被默默支持、深藏不露的酒場

江戶時代是下級武士居住的長屋，如今成為富含意趣的空間。初代老闆娘自熊本出身的熟人那邊學來的芥末蓮藕是知名餐點。大飯糰也務必品嘗。

MAP P.180 F-2 ☎050-5486-5970 ♠京都市中京区西木屋町通三条下ル山崎町236 ◷17:00 ～ LO23:00 🔒週日（逢假日則隔日休）、不定休

あおい

被老闆娘的笑容給治癒

從招牌款到創作款，吧檯上整齊排列著各式各樣的御番菜。笑容可掬的老闆娘也會在店裡迎接各位的到來。御番菜的品項會因季節而有所變化。

MAP P.180 F-2 ☎ 075-252-5649 ♠京都市中京区材木町 181-2 ニュー京都ビル 1F 往内走◷ 17:00 ～ 22:00 🔒週一、週日、國定假日不定休

一定要品嘗日本酒！

1 招牌和每日更替品項合計有 30 種左右的日本酒。90ml 726 円 2 富含意趣的店面外觀很迷人！ 3 保留大正時代町家氣氛的店內，用大鍋子烹煮關東煮的畫面很有魄力！

初次上門的客人也能安心♪

歡迎獨自用餐客光臨的嚴選四酒場

獨自一人也能輕鬆前往的理由
可以在令人倍感舒適的吧檯席悠閒地小酌日本酒

吃點關東煮暖暖身子

嶄新的小菜也魅力十足，在京都受到關注的日本酒酒場

一個人跑去酒場是需要勇氣的……在這裡就要幫抱持這種想法的你，精選出一個人也能輕鬆愉快地登門造訪的酒場！

ぽんしゅや三徳六味
五条高倉店
ぽんしゅやさんとくろくみ ごじょうたかくらてん

在町家空間享用美酒與料理

將精進料理的極致精神「三徳六味」放進店名的日本酒酒場。提供稀有的日本酒款、活用嶄新素材組合的小菜、以雞白湯為基底的關東煮等等。改裝自町家的空間充滿平靜的氣氛，非常推薦。

MAP P.176 D-2 ☎ 075-744-6736 🏠 京都市下京区亀屋町 170 ⏰ 18:00～隔日1:00（週五、六，固定假日前日 17:00～）週日、固定假日～23:00) 🔒 不定休

這些品項都是必點！

個性派的逸品料理一字排開 **4** 蝴蝶葉鮭魚郭凍 836 円 **5** 炙燒干貝與葡萄柚佐醋味噌 726 円 **6** 燻製鮭魚馬鈴薯沙拉 616 円 **7** 關東煮（貓臉型半片、豬肉佐蘿蔔、巾著、蘿蔔）209 円～ **8** 烤味噌 506 円

◊◊◊ 享受與店員之間的談天也是酒場的魅力之一。要不要跟在地人詢問一下推薦的京都好去處呢？

130

獨自一人也能輕鬆前往的理由
店內明亮又時尚，一個人也能抱著
放鬆自在的心情入店

京都スタンド きよきよ
きょうとスタンド きよきよ

輕鬆且親民的立飲店家

能夠輕鬆品嘗京都人氣居酒屋「京家 きよみず」料理的店鋪。用高湯和宇治茶茶葉烹調的燉煮牛舌990 円，是必嘗的品項。日本酒的部分也準備了京都地酒以及日本各地的小瓶裝酒等，種類很豐富。

MAP P.180 F-4
☎075-223-4733 ⚑京都市中京区木屋町通四条上ル鍋屋町220-1 FORUM木屋町先斗町ビル1F ⏰14:00～22:30 🔒不定休(逢國定假日或前一日則營業)

用立飲形式來品味
美酒和御番菜

1 本店也可以坐下來用餐 2 京都地酒三杯組 1210 円 3 受歡迎的御番菜拼盤 858 円 4 使用冰凍水果的水果 Chu-hai（檸檬）638 円

1 燒賣 550 円、無花果拌豆腐 650 円、烤茄子佐土佐醋450 円、日本酒 1 合 800 円～（可貼半合） 2 吧檯位於店內空間中央 3 像是融入住宅區似地佇立在那裡

イノウエ
いのうえ

提供高雅的小菜與日本酒的店鋪

由姊妹兩人經營的小小店家。80年代出生的姊姊針對同世代的女性喜好構思了 15 種小菜。仔細的調理方式會讓人不自覺地露出笑容。請和喝了不太會造成負擔的日本酒一同享用。

MAP P.177 C-1
☎無(無法預約) ⚑京都市中京区下瓦町 568 ⏰17:00～23:00 🔒週一、不定休(請至官方Instagram 確認)

獨自一人也能輕鬆前往的理由
供應能讓你花一點時間細細品味的小菜

四條大宮的隱祕名酒場，

姊妹溫暖的待客觸動人心，

用名物「蔬菜盤」和
喜歡的酒款來度過愉快時光

獨自一人也能輕鬆前往的理由
沒有設置大門的開放式空間氛圍，
很容易讓人不由自主地就踏了進去

ハイキング
はいきんぐ

好酒與晚餐的二刀流

一直以來幾乎都被附近人士擠得熱鬧喧騰的空間，即使入夜之後也充滿明亮的氣氛。酒的種類非常豐富，很適合作為續攤的去處。推薦各位以無論種類或分量都很棒的蔬菜盤作為佐酒小菜。

MAP P.177 B-1
☎ 090-2011-1135 ⚑京都市右京区西院西今田町 10-15 グレースアレイ西院 1F ⏰17:00 ～ 22:00 左右 🔒週日、一

1 備有蔬菜盤 1000 円～等很適合配酒的品項 2 店內中央就是吧檯席

名店聚集的

紅葉小路

這裡的魅力究竟何在！

暢飲、大快朵頤、睡覺，理想成員的夢幻場域以「酒場與旅宿的結合體」而蔚為話題的，就是這個複合性商業設施「紅葉小路」。不光是蘊含京都特有風貌，其地理位置作為觀光旅行時的據點也很便利。現在就來徹底解析

感覺真美味！

紅葉小路
もみじのこみち

巧妙凝聚了京都的「現今」
將位於松原通沿途的町家集合體進行改裝的複合性商業設施。將京都風情滿溢的中庭包圍起來的，是餐廳、咖啡焙煎所、共享空間、住宿設施等洋溢個性的店鋪。
MAP P.179 A-3
京都市下京区石不動之町682-7

非常講究的逸品！

晚間的預約要盡早！

A. DONTSUKI

DONTSUKI
ドンツキ

漁師料理很受歡迎的店家
白天供應豪邁的漁師料理、晚上則是端出使用當令食材的套餐料理。晚間時段特別難預約到，因此最好提早洽詢。

MAP P.179 A-3
☎ 050-3150-8464(預約專用)
11:00～LO14:30(售完即休息)
19:00～23:30 不定休(請至官方 Instagram 確認)

1 只有 5 席吧檯席的小巧店內空間 2 午餐時段的人氣漁師料理 1500 円(售完即休息) 3.4.5 超越和、洋、中等料理類型範疇的夜間套餐 8000 円～

♢♢♢ 像「紅葉小路」這種聚集了很多餐飲店的建築物，在京都大多被稱為「會館」。

にほんしゅ屋しゅうろく
にほんしゅやしゅうろく

豐富的日本酒儲備陣容！
店內散發出一個人也能輕鬆享用的居家氛圍。店員可以根據用餐者喜好從豐富的日本酒酒款中挑出推薦的品項。

MAP P.179 A-3
☎075-366-4606
⏰18:00～24:00 🔒週一
(逢國定假日則隔日休)、
不定休

B. にほんしゅ屋しゅうろく

下酒小菜
品項充實

1 能夠暖暖身子的關東煮，
每樣 220 円～ 2 關東煮馬
鈴薯沙拉 825 円 3 生魚片
3 種拼盤 1100 円～

紅葉小路
MAP

Ⓐ Ⓑ

御幸町通

入口

Garden Lab
(共享空間)

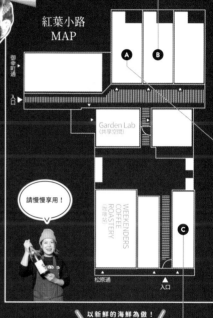

請慢慢享用！

4、5 冷酒約有 20 種，常溫或適合
燗酒的酒款約有 300 種，陣容不輸
酒舖 6 在吧檯席悠閒地品嘗好酒和
小菜

WEEKENDERS COFFEE ROASTERY
(咖啡館)

Ⓒ

松原通　　　入口

以新鮮的海鮮為傲！

C. 京都さしみ丸

1 生魚片拼盤 1650 円 2 擺上
當令魚貝類的魚箱 3 現代感氛
圍的店內 4 和牛牛腎肉蓋山葵
冷煮 1100 円 5 金時人參與百
合根饅頭 880 円

鮮魚的鮮美
令人感動！

京都さしみ丸
きょうとさしみまる

對產地有所講究的魚貝料理
從全國各地嚴選剛在港口卸貨的當令鮮魚。新鮮的生魚片自然不能錯過，還提供燒烤物、蒸物等能提取出食材魅力的餐貼。

MAP P.179 A-3 ☎075-746-2784 ⏰
17:00～22:00 (如果接了提前兩天的
預約則 15:00～17:00 也會營業。套
餐需提前兩天預約) 🔒不定休(請至官
方 Instagram 確認)

被水和大地所栽培

京野菜料理

花費一番工夫培育的京野菜，是只有該季節能夠品嘗到的美味。

1 『燒野菜五十家』的季節「烤蔬菜」

將自家農園與合作農家栽培的新鮮當令蔬菜放到鐵板或炭火上燒烤，完成獨門的「烤蔬菜」。醋漬蔬菜等品項也很豐富。

1 九條蔥辛香京都豬五花 750 円 **2** 芝麻葉與紹興酒漬松葉蟹 650 円 **3** 蕪菁佐蟹膏豆漿煮 600 円 **4** 香菇佐德島酢橘與島胡椒 550 円 **5** 茴香紅遙地瓜佐發酵奶油 600 円

盡受田地恩惠的穀得♡

1 燒野菜五十家
やきやさいいそや
[MAP] P.184 F-5
☎075-212-5039 🏠京都市中京区木屋町通御池下る下丸屋町421-5 ⏰17:00～LO22:30 🔒不定休

各式各樣的當季風味

2 『yasai hori』的炭烤新鮮蔬菜

能透過多樣化的和洋料理品嘗蔬菜的專門店。首先先從能感受素材美味的炭火燒烤開始吃起。550 円～

2 yasai hori
ヤサイ ホリ
[MAP] P.180 E-4
☎075-555-2625 🏠京都市中京区新中之町565-11
⏰17:00～23:00 🔒週二

3 『京洋食まつもと』的
大人風漢堡排

使用 A4 等級的黑毛和牛與京都
もち豚的絞肉製作。放入切成小
塊的和牛肝也讓風味更具深度。
2420 円

一位也能
輕鬆用餐♪

超美味的多蜜醬汁♪

3 京洋食まつもと
きょうようしょくまつもと
MAP P.181 A-3
☎ 075-708-7616 🏠 京都
市中京区蛸薬師通新町西
入ル不動町 171-4
🕐 11:30 ～ LO14:30、
18:00 ～ LO21:30 🔒 週一
（逢國定假日則隔日休）

米飯選用丹波產的越光
米。可在町家風情的沉
穩氣氛中盡情享用！

屢次之高令人驚訝！

大人風的洋食

京都是一個擁有許多高檔洋食店的城市。這裡要
介紹 3 道能在晚餐時間細細品味的名品餐點。

5 『喫茶マドラグ 藤井大丸店』
的大人風兒童午餐

傳遞京都喫茶文化的「喫茶マドラグ」2
號店。推薦嘗試能讓人重拾童心的王道風
格餐點。大人風兒童午餐 1320 円～

讓人
開心不已♪

時常會突然
很想來一份☆

漢堡排、蛋包飯、布丁等讓人興致盎然的
餐點端上桌了

終於和童時的自己

三月治起在面了

藤井大丸店限定
的マドラグ午餐
1320 円

4 『Rhône』的店主
特製拿坡里義大利麵

細麵搭配精心熬煮的番茄醬汁，
十分契合。是一道能顯現店主技
術的人氣餐點。900 円

5 喫茶マドラグ 藤井大丸店
きっさマドラグ ふじいだいまるてん
MAP P.180 E-4
☎ 075-744-6624 🏠 京都市下京区寺町通四
条下ル貞安前之町605 藤井大丸5F 🕐 10:30
～ 20:00 🔒 以設施為準

4 Rhône
ローヌ
MAP P.177 C-1
☎ 075-821-2310 🏠 京都市中京区
三条猪熊町645-1 🕐 14:00 ～ 22:00
（週六、日，國定假日 12:00 ～）🔒 週
四

備有能帶出料理風味的名酒

對日本酒有所講究的晚餐

跟和食非常契合的日本酒。這裡要嚴選幾間發揮店主犀利選品眼光的餐飲店。

一定要詢問問推薦的酒款

那就再來一杯酒吧♪

1 『お料理とお酒 ふくら』的未完套餐

將以豐富食材而廣為人知的滋賀縣素材融入料理。套餐「未完」是考量過與日本酒之間的契合度，能夠盡情享受簡中風味的餐點。6800 円～

日本酒（90ml）570 円～是以滋賀縣大大小小的酒藏為中心，挑選了 20 種酒款

1 お料理とお酒 ふくら
おりょうりとおさけ ふくら
MAP P.184 F-2
☎ 075-252-0505 ☎京都市上京区河原町荒神口下ル上生洲町 220-1 ◎ 12:00 ～ 14:30（預約制午餐套餐）、18:00 ～ 22:00 未完套餐（全 6 道）與單點 ⊕週一、每月第 1 和第 3 個週日、不定休

3 『日本料理と日本酒 恵史』的主廚搭配三品

器皿和擺盤都很美麗的「主廚搭配三品」（照片為第 1 品）。吃完也可以單點某品項。5500 円

還是藝術品呢？

曾在料亭老鋪「和久傳」擔任料理長的店主會使用豐富的季節食材，完成風味高雅的逸品

3 日本料理と日本酒 恵史
にほんりょうりとにほんしゅさとし
MAP P.181 A-2
☎ 075-708-6321 ☎京都市中京区宮木町471-2 ◎ 12:00～14:00（預約限定）、17:30～23:00 ⊕不定休

2 『益や酒店』的日本酒與小菜

以京都、滋賀、奈良為中心，用每杯 490 円～的價格供應全國各地的日本酒。御番菜和魷魚乾等搭配日本酒的小菜也獲得好評！

湯葉披薩 660 円

煙燻蘿蔔馬鈴薯沙拉 550 円（半份 390 円）

螢烏賊沖漬 450 円

咕嘟咕嘟

2 益や酒店
ますやさけてん
MAP P.180 D-4 ☎ 075-256-0221 ☎京都市中京区御幸町通四条上ル大日町 426 ◎ 15:00～24:00（週六、日、國定假日 12:00～） ⊕不定休

在風味獨到的酒場暢飲

京都各處都有許多受到廣大群眾喜愛的酒場。可在那裡接觸美味的料理、好酒、以及人情味。

4 『京極スタンド』的炸火腿

創業於昭和初期、男女老幼皆為對象客群的大眾食堂＆酒場。因為位子都是大理石長桌這種面對面的席位，自然就會聊起來。

這個錯過可惜！

4 京極スタンド
きょうごくスタンド

(MAP) P.180 E-4
☎075-221-4156 🏠京都市中京区新京極通四条上ル中之町546
⏰12:00～21:00 🈺週二

小菜、定食、洋食，提供範圍廣泛的餐點。裹著酥脆麵衣的炸火腿是必點品項。660 円

6 『にこみ 鈴や』的燉煮內臟

在京都談到燉煮料理就絕對會被提出來的名店。一整年都能在吧檯席享用以味噌燉煮內臟和關東煮為中心的料理。

首先一定要嘗嘗近江牛燉煮內臟 700 円、米糠漬 400 円、適合用來收尾的咖哩飯（小）400 円～

料理和器皿都很漂亮♡♡

6 にこみ 鈴や
にこみ すずや

(MAP) P.181 B-2
☎075-708-3178 🏠京都市中京区姉小路通新町東入ル南側二軒目 ⏰16:00～LO 22:00 🈺不定休・每月預計休2次週二

5 『糸ちゃん』的油炸內臟

以開朗的老闆娘和她的千金為中心營運、早上就能到此暢飲的店家。雖然位於遠離市街的地方，但依舊是間會讓人想要特地跑一趟的名物店。

5 糸ちゃん
いとちゃん

※ 已經於 2024 年 5 月 15 日搬遷到新店址：京都市下京区東之町 17。

(MAP) P.185 B-4
☎ 075-661-4023 🏠京都市下京区屋形町7-1 ⏰10:00～20:00（週二～17:00）🈺週日、一

麵類和丼飯類品項充實。油炸內臟是絕對要吃的料理。牛胃天婦羅、肝臟天婦羅各120 円

這要吃一次看看！！

京都24H 瓦版 夜報

京都24H

夜晚的樂趣這時才開始。在早上或下午無法嘗試的特別體驗可謂五花八門！要不要發掘一下讓自己在意的事物呢？

和白天截然不同！與非常適合拍照的京都相遇！

只能在夜晚時段看到的神祕光景

白天因觀光客而顯得喧騰不已的京都，一旦入夜之後就陷入讓人難以想像的寧靜。貫通祇園南北的花見小路除了石板路之外，晚上還會化身為洋溢著點燈後京都風情的空間。如果想要享受夜間散步的樂趣，這裡就是絕對要造訪的地點。

若是要前往花見小路，就順道走一趟附近的八坂神社吧。西樓門和拜殿會在特別參拜期間點起燈籠，能欣賞到別具韻味的景觀。

鄰近烏丸御池的御金神社也是不分晝夜都能前去參拜的神社之一。因為有如黃金般閃耀的鳥居，而讓存在感格外提升的境內，一舉被幻想般的氛圍給籠罩。請誠心祈求，獲得神佛的庇佑吧。

御金神社
みかねじんじゃ
MAP P.181 A-1
☎075-222-2062 🏠京都市中京区西洞院通御池上ル 押西洞院町614 ⏰境內自由參觀（社務所為10:00～16:00）

點燈之後的光景就如正在閃爍的黃金

八坂神社
やさかじんじゃ
MAP P.178 D-2 ☎075-561-6155 🏠京都市東山区祇園町北側625 ⏰境內自由參觀（社務所為9:00～17:00）

面對東大路通的西樓門沐浴在燈光之中，呈現出幽玄的世界

花見小路
はなみこうじ
MAP P.179 C-2
🏠京都市祇園町南側

在夜晚的水族館……對可愛的生物們怦然心動♡

被生物們那可愛的姿態給感動！

「夜晚水族館」是京都水族館所舉辦的超人氣期間限定活動。2023年度於4～12月的週六、日以及國定假日開辦。平時的閉館時間18點也延長到20點，能夠觀察夜裡才能看到的生物生態與相關呈現。

大型水槽「京之海」等各式館內區域會啟動夜間限定的幻想風照明，可獲得ещ看夜晚海狗和企鵝呼呼大睡的樣子，以及悠哉游動的魚群身影等貴重的體驗。

是個廣獲參加者「跟平時的感覺完全不一樣」等好評的活動。相關細節請參照官方網站。

京都水族館
きょうとすいぞくかん
MAP P.185 A-4
☎075-354-3130 🏠京都市下京区観喜寺町35-1（梅小路公園內）⏰請至官方網站確認。費用2400円 🚫無休

熟睡中

美麗的光景令人陶醉♡

可以親看斑點莎瑙魚群自在游動姿態的大型水槽「京之海」

美食也很豐富。晚餐就在這邊吃吧！

要來看我們喔！

季節限定！
叡電紅葉點燈
務必要確認日程！

於七夕季節與紅葉時期舉行

鞍馬線地原～二之瀨車站之間的「紅葉隧道」會於活動期間點燈。列車會熄掉車廂內的燈光並慢速行駛，可欣賞宛如幻想世界的情景。秋季的紅葉點燈活動還會將車子停下來，讓乘客從車窗觀賞外頭的景色。

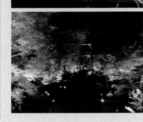

叡電
紅葉點燈
えいでんもみじの
ライトアップ
[MAP] P.173 B-1
☎075-702-8111
◎請至官方網站確認

春～秋季的週六、日以及國定假日
就去 梅小路 High Line！

修整部分的廢線遺跡，於週末變身為祭典風情，

鄰近JR梅小路京都車站西站的高架廢線遺跡已成為新一代的名勝「梅小路 High Line」。於戶外一字排開的攤販光景非常震撼，是能夠一邊享受美食、酒、音樂等，盡情感受京都夜晚樂趣的活動。舉辦日期等資訊請至官方Instagram確認。

梅小路 High Line
うめこうじハイライン
[MAP] P.185 A-4 ☎無（請至官方Instagram確認）♠京都市下京区観喜寺町　梅小路短絡線高架上◎請至官方網站確認

過了20點也沒關係可挑選伴手禮的場所

DEAN & DELUCA 京都
ディーンアンドデルーカきょうと
[MAP] P.181 B-3
☎075-253-0916 ♠京都市中京区烏丸通蛸薬師下ル手洗水町645
◎10:00～21:00 ♦無休

おみやげ街道 京店
おみやげかいどう みやこてん
[MAP] P.185 B-4
☎075-344-4747 ♠京都市下京区東塩小路町 京都ポルタ 2F
◎7:30～22:00 ♦無休

能在京町家品嘗奢華
高級芭菲的專門店開幕了！

鄰近錦市場，充滿祕密基地的氛圍深具魅力

在能夠意識到日本傳統之美的微暗空間內，品嘗獨創芭菲、並感受其故事性與思維傳遞性的「QeFare」就此開幕！因為營業至23點，所以還能點一份搭配美酒享用的芭菲來為一天收尾。喜愛甜食的朋友請絕對不要錯過喔。

越吃越能感受
到口味變化的
KASANE，
2300円

QeFare
ケハレ
[MAP] P.180 D-4
☎075-600-0177（建議預約）♠京都市中京区西大文字町 613 ◎19:00～23:00 ♦週二、三

晚上也想穿著和服觀光的話，就挑選可以隔天再還的

租借和服

換上不必趕時間的和服來趟夜裡的京都遊覽！到隔天的17點以前去歸還都沒問題喔。

レンタルきもの岡本 京都駅西店
レンタルきものおかもと　きょうときにしてん
[MAP] P.185 A-4 ☎075-950-0805 ♠京都市下京区朱雀宝ノ口町20-4 ホテルエミオン京都内2F ◎9:00～18:00 ♦無休

京都的深夜
IN THE
Midnight
22:00 - 24:00

靜謐包圍了深夜的京都。有想來份夜
晚芭菲或冰淇淋作為收尾的人、也有
此刻才正要開始酒場巡遊的人、還有
打算去深夜喫茶享受咖啡時光的人。
就在眾人以自己的方式度過這段時間
的同時，京都的夜晚也變得更深了。

散發大人氣圍的先斗
町，這裡有供應夜晚芭
菲和酒類的「Lilou」
（▶ P.142）等店家

choose 1

芭菲派

☑ 就是想為一天的收尾添加華麗裝飾！

☑ 也想配酒一起享用！

☑ 也想品味酒吧的氣氛！

門店 NORD°」都備有調酒和河原町的「Lilou」都備有調酒品嘗。先斗町的「夜パフェ專和美酒一起推薦各位可以和美酒一起如果該選擇「夜晚芭菲」，到底該選哪一種才好呢？天，就破戒一下吧！那麼，沒有罪惡感，但是僅限今題。雖然並不能說是完全或「夜晚冰淇淋」的選擇續攤該去吃「夜晚芭菲」酒足飯飽之後，出現了會如此令人感到猶豫完全沒有想過這個問題

IN THE *Midnight* (22:00-24:00)

黏稠稠生焦糖的
義式冰淇淋芭菲
1530 円
選用生焦糖與十勝產
牛奶義式冰淇淋的招
牌芭菲

擺上新鮮的草莓
和香蕉冰淇淋

酥脆口感和香氣是魅力
所在的燒菓子。作為換
換口味的小點享用

薰衣草氣泡調
酒 960 円，契
合度無庸置疑

草莓牛奶雪寶與
肉桂餅乾的合奏
富有深度韻味

抑制甜度的咖啡凍和
奶凍提取出了風味

季節的
水果芭菲
2000 円～

選用草莓等當令的風
味。造訪時就會與不同
的味道相遇

夜パフェ專門店 NORD°
よるパフェせんもんてん ノード

收尾芭菲的傳道師

讓北海道的收尾芭菲文化在京都流
行、宛如開拓者般的存在。使用北
海道新鮮義式冰淇淋的收尾芭菲和
充滿個性的調酒契合到令人訝異。

[MAP] P.180 E-5

☎ 075-744-1271 🏠 京都市下京區
四条下ル市之町 239-1 招德ビル 3F
🕐 19:00 ～ LO22:30（週六・日 18：
00 ～）🔒 不定休

Lilou
リル

與紅酒一起品味的收尾芭菲

能品嘗自然釀造葡萄酒的私房酒
吧。女店主在法國學習甜點製作，
提供使用滿滿當季水果的正統派甜
點。女性獨自上門也能感到舒適愉
悅的空間深具魅力。

[MAP] P.180 F-3

☎ 090-9219-1360 🏠 京都市中京區
松本町161 先斗町ウエノビル2F往內
走 🕐 18:00 ～ 24:00 週一

❀ ✿ ✿ 「夜晚芭菲」的文化誕生自北海道；「夜晚冰淇淋」的風潮則是由大阪掀起，正擴散到全國各地。

choose 2
冰淇淋派

- ☑ 冷凍庫一整年都儲備了冰淇淋
- ☑ 想要用低於1000円的價格感受最棒的收尾！
- ☑ 希望在返回旅館的路上邊走邊享用！

等豐富的類型，可以享受兩者搭配的樂趣。

此外，最近「夜晚冰淇淋」的專門店在京都也有逐漸增加的趨勢，同樣難以割捨。東山的「21時にアイス」可以配合大家今天的心情，在20種招牌品項裡選擇，種類豐富就是本店賣點。位於西大路、豪華感讓人聯想到芭菲的「夜行アイス」也很令人在意。

結論，那就只好兩種都吃了！（認真的嗎？）

巧克力香蕉
680円
使用土耳其產的巧克力製作，很適合用來收尾的奢華冰淇淋

小孩跟大人都熱愛的香蕉和巧克力是最強的搭檔！

搭配巧克力奶油、巧克力碎、巧克力醬

杯子底部還藏了可頌鬆餅，呈現出十足的分量感

伯爵茶巧克力奶油
580円
濃郁的巧克力和伯爵茶風味在口中溫和地化開

越吃就越能感受到變化成宛如奶茶的風味

夜行アイス
やこうアイス

芭菲未滿、冰淇淋以上
營業到午夜12點的冰淇淋專門店。除了巧克力香蕉和宇治抹茶等招牌商品之外，還有使用簽約農家直送季節限定水果的口味。甚至還設置了拍照空間。

[MAP]P.177 B-3
☎無 🏠京都市下京區西七条南西野町38 ⏰16:30～24:00 🔒不定休

21時にアイス 京都東山店
にじゅういちじにアイスきょうとひがしやまてん

夜晚冰淇淋的發起者
作為夜晚冰淇淋風潮的前導車而廣為人知的店鋪。提供很受歡迎的濃郁生巧克力、紫芋蒙布朗、栗子蒙布朗等20種招牌品項。非常推薦搭配喜歡的飲料一同品嘗。

[MAP]P.185 C-4
☎075-746-3136 🏠京都市東山區東瓦町690 ⏰16:30～24:00 🔒不定休

※ 京都東山店目前歇業中，準備進行遷移。可選擇前往京都河原町店。

143

時尚的**葡萄酒吧**
讓人心情平靜

嚴選的葡萄酒與個性派的小菜

葡萄酒的料理和燒菓子都能挑選，這點也令人開心。

吃完美味的一餐後接著要去第 2 間店續攤，如果希望稍微轉變一下氣氛的話，要不要試看看葡萄酒吧這個選項呢？推薦給各位的是鄰近京都車站、於 2022 年開幕的「ALKAA」。以自然釀造葡萄酒為中心，供應約 2000 種酒款，搭配葡萄酒的組合，醞釀出瘱各種風情的魅力。其美麗的空間也格外吸引人的「cave de K」也是絕對要造訪的店家之一。

若是烏丸周邊的話，那就是佇立於巷弄內的「葡萄酒堂」。本店實現了和食與新葡萄酒的組合，醞釀出瘱各種風情的魅力。

請在這裡度過難忘的夜晚吧

感到平靜的原因
重點在於讓人聯想到巷弄祕密基地的位置

1 搭配白酒的鹽沙布列 300 円 **2** 甜味溫和的滑嫩布丁 400 円 **3** 外面酥脆、裡面紮實的可麗露 300 円 **4** ‧ **5** 葡萄酒瓶裝 8000 円〜、單杯 1400 円

ALKAA
アルカー

從午後開到深夜的店家
於 2022 年開業，位處京都車站徒步 4 分鐘的絕佳地點。因為 14 點就開始營業，白天想小酌的話也很方便。葡萄酒備有以香檳區等生產地為基準挑選的約 2000 種酒款。

MAP P.185 B-4
☎ 070-9017-1507 ⌂ 京都市南区東九条東山王町 15-7 ⏱ 14:00 〜 24:00（公休日的隔天為 18:00 〜）⑦ 開桌費用（17 時以後）500 円 🔒 不定休（請至官方 Instagram 確認）

♧♧♧「ALKAA」除了吧檯席之外，2 樓也備有時髦的桌席，所以也推薦多人客群利用。

144

感到平靜的原因
地點雖在市區卻位於遠離喧囂的巷弄深處

1

義大利葡萄酒 3 種飲用品評組合 858 円

1

和食風格
也很沉穩！

1 和食料理人製作的鬼高湯蛋捲 770 円。充滿由鰹魚和昆布熬煮出來的高湯 **2** 單杯 638 円〜、瓶裝 3500 円

葡萄酒堂
わいんどう

用義大利葡萄酒開啟交流

由在義大利取得侍酒師資格的店主經營。經常備有 20 種左右、可用來跟和食一起享用的義大利葡萄酒。另外也提供葡萄酒飲用品評組等新手取向的菜單。

1 改裝自屋齡超過 150 年的京町家、兼具摩登與懷舊風格的店內 **2** 從烏丸車站徒步 2 分鐘、位於巷弄深處的店鋪

MAP P.181 C-5
☎ 050-5462-3126 京都市下京区元惡王子町 47-12 ⏰ 午餐 11:30〜14:30・晚餐 17:00〜24:00（可能視日期而異）⑨ 開桌費 330 円（僅晚餐時段）🔒 週日

22

感到平靜的原因
可在店主極為細心的服務下舒適度過

推薦當成伴手禮

1
2
3

1 以白色為基調的店內空間。鋪設玻璃的地板下擺放了葡萄酒 **2** 葡萄酒單杯 2750 円〜。熱鬆餅 880 円、起司拼盤 2530 円 **3** 總匯三明治 1650 円

23

cave de K
カーヴド ケイ

大人風甜點和葡萄酒的饗宴

位處代表京都的酒吧「K6」樓梯下的葡萄酒吧。在這個拱形天花板施以漆喰工藝處理、搭配天然石的空間、可享用到葡萄酒和熱鬆餅、巧克力蛋糕等餐點的搭配組合。

MAP P.180 F-4
☎ 075-231-1995 京都市中京区木屋町二条東入ル ヴァルズビル1F ⏰ 15:00〜隔日2:00 ⑨ 17時以後為 BAR TIME 1100円（服務費另計）🔒 週二

集結女性也能輕鬆前往的行家店鋪們

22:00 暢飲梯子酒的推薦去處@西院&大宮

盡情地
喝個痛快吧！

タイ屋台 とき
タイやたいとき

23:00
LO

MAP P.177 C-2

符合日本人口味的泰國料理

供應和風要素隨處可見、就連日本人也能輕鬆享用的變版泰國料理。因為深得街坊鄰近餐飲店老闆們的信賴，入夜後總是熱熱鬧鬧的。可說是大宮的私房人氣店家。

☎無 ♠京都市中京区錦大宮町148 ⊙18:00〜LO23:00 🔒不定休

小鉢料理可以
自由選擇！

タイ屋台
とき

香菜
是重點

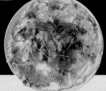

小鉢三品拼盤980円。添加甜辣醬調味的玉子燒780円

大宮是這樣的地方

（四條）大宮擁有過去曾是阪急京都線終點站的這段歷史，有許多受到常客們愛戴的知名酒場。近年來以獨創性料理一決高下而受到矚目的店家陸續增加中，也博得了年輕世代的支持。如果發現了在意的店家，就鼓起勇氣踏進去看看吧。

四条通

阪急大宮駅

嵐電
四条大宮駅

マ穂

大宮通

マ穂
マほ

24:00
CLOSE

就用葡萄酒和小菜來收尾

以風味「不會太重也不會太輕」為基準挑選出來的葡萄酒都是750円，可搭配以「京丹波せせらぎ農園」的無農藥蔬菜為中心製作的小菜一起享用。與割烹著打扮的まは女士談天也非常愉快。

MAP P.177 C-2

☎無 ♠京都市下京区五坊大宮町71-2 ⊙晚餐19:00〜24:00 🔒週二

開桌費 300〜400 円。開桌小菜會端出以蔬菜為主的品項。

在大宮這裡
喝得開心嗎？

❖❖❖ 西院跟大宮之間的移動可藉由市營巴士、阪急、嵐電等多種方法。嵐電還能搭乘復古氣息的路面電車。

嵐電
西大路三条駅

西大路通

佐井通

一人旅也能輕鬆前往，到推薦的店家喝梯子酒 *

接下來讓我們移動到大宮，在「タイ屋台 とき」與初次見面的隔壁客人熱情地乾杯吧！最後來到的是由身穿割烹著的親切店主所經營的「マ穂」。精挑細選的葡萄酒配著佐酒的小菜，話匣子一開、停都停不下來。現在時間還早呢，要不要再去喝個一杯啊，嘿嘿嘿。

如果希望享受庶民氛圍和飲酒樂趣的話，就可以走訪西院和「四條」大宮。首先就前往有威風凜凜的西院。明明時間已經超過晚上 10 點了，竟然還能在「さすらいのカンテキ 西院酒場」大啖國產黑毛和牛燒肉，真是太奢侈了！

*譯註：「梯子酒」意指接連走訪不同店家、一間接著一間喝酒談天。

折鶴会館
おりづるかいかん

集結了各式充滿風格的喝酒去處

感覺像是巷弄的路上排列著一間間的餐飲店，這就是代表京都的會館。洋溢復古氣氛的館內，拿起各店講究的美酒配著小菜、跟旁邊的人閒話家常，這般享樂的光景乃是此地的日常。

MAP P.177 B-2

西院是這樣的地方

從學生喜歡的連鎖店到雅緻偏好的酒場，受到廣大世代的支持正是西院的魅力之處。如果想體驗京都獨特的飲酒文化「會館飲」，就要前往「折鶴会館」。也建議大家請旁邊的客人詢問推薦的店家再進行下一趟移動。

阪急西院駅

西院駅

西院 ⟷ 大宮之間徒步需要約20分鐘！

さすらいのカンテキ

折鶴会館

新客人也能安心入內的氛圍。店主表示「女性朋友獨自一人也能開心地在這邊用餐」。

さすらいの五種組合（半份）1320 円，其他像是平日 17～18 點期間供應的燒烤小套組 550 円也很划算。御番菜 250 円～也會有天天更替

下一間要去哪裡呢？

さすらいのカンテキ 西院酒場
さすらいのカンテキ さいいんさかば

輕鬆品嘗國產黑毛和牛

能夠毫無壓力地享用 A4 等級以上的國產黑毛和牛燒肉、歡迎獨自上門客人的店家。正統燒肉醬汁、京野菜九條蔥、開朗女店主的細心服務等都是本店吸引人的地方。

MAP P.177 B-2 ☎080-3795-2795 ⊙京都市右京区西院高山寺町15番地折鶴会館 家屋番号52番 ⊙17:00～LO23:30 不定休

23:30
LO

一個人也能
輕鬆享受

喫茶DATA
席數：19席　吸菸：可
酒類：有(啤酒・威士忌)

來到位於大樓中的祕密基地喫茶店……

Best time
23:00
推薦的熬夜時光深夜咖啡

深夜時突然想來杯香氣撲鼻的咖啡。像這種時候，要不要踏進一間供應美味咖啡的喫茶店，度過無所屬的時間呢？

喫茶 百景
きっさ ひゃっけい

以無機質的設計為精粹的喫茶店
被骨董燈具的燈光給照亮的店內空間充滿令人舒心的氛圍。以特別從「自家焙煎咖啡ガロ」訂購的深焙豆沖泡而成的百景調和咖啡，其恰到好處的苦味及溫和的後味讓人倍感享受。

MAP P.180 D-4
☎075-746-6950 ♠京都市中京区富小路通錦小路下ル西大文字町601山下ビル2F ◷13:00～隔日1:00 ♠無休

慢慢地、
細心地沖煮

1 在吧檯席能夠近距離觀看沖泡咖啡的樣子
2 以手沖的方式仔細地沖煮咖啡

起司的
風味濃郁！

考量到與百景品牌的契合度而製作的起司蛋糕 600 円

◇◇◇ 在夜裡喝杯咖啡具有緩解疲勞的舒壓效果。不過也請注意不要過量飲用。

148

coffee&wine Violon
コーヒーアンドワイン ヴィオロン

在名曲的陪伴下啜飲咖啡

流瀉古典音樂、擁有 8 席吧檯席的空間極為舒適。咖啡當然不用贅言，單杯販售的葡萄酒 1100 円～也非常受歡迎。用來搭配酒類的料理當然也是相當講究。

(MAP)P.179 A-3
☎無 ♠京都市下京區松原通西木屋町上ル すえひろ1F店內走 ◎17:00～隔日1:00（週四18:00～） 🔒週日

被香氣治療了

1 在木屋町某大樓的 1 樓深處，厚重門板的另一頭出現了寧靜的空間 **2** 講究自家焙煎的咖啡 900 円 **3** 在彈珠汽水上開出一朵香草花的冰淇淋蘇打 1500 円（數量限定）**4** 能夠傳遞手作暖意的巧克力蛋糕 600 円，是和咖啡很搭的甜點

請悠閒地度過吧

喫茶 DATA
席數：8席　吸菸：禁菸
酒類：有（葡萄酒）

1 店內空間充斥了著某種讓人安心的氣氛 **2** 800 円的 EF blend7，能品嘗到其中的層次以及清爽風味

ELEPHANT FACTORY COFFEE
エレファント ファクトリー コーヒー

在閱讀時享用美味的一杯

位於河原町巷弄裡，聚集咖啡愛好者的空間。以手沖方式仔細沖煮的深焙咖啡相當出名。讓人想要拿起一本書來讀，在這裡坐久一點、好好品嘗。

(MAP)P.180 E-3 ☎075-212-1808 ♠京都市中京區蛸藥師通木屋町西入ル備前島町309-4 HKビル2F ◎13:00～隔日1:00 🔒週四

專心一意地沖煮

喫茶 DATA
席數：16席　吸菸：禁菸
酒類：有（啤酒）

23:00

稍微伸個懶腰，好好放鬆一下

為京都之夜拉下緞帳的**町家Bar**

在特別日子的夜晚實現憧憬的首次酒吧體驗時間是深夜23點。京都的夜晚也即將迎來最終幕。真希望能在美酒的陪伴下回顧快樂的時光。像這種時候，要不要一訪極具京都風情的町家酒吧呢？

地點位於四條河原的附近。在悄然無聲的街道上唯一亮起燈光的「BAR Kingdom」，是改裝自江戶時代保留至今的町家，和洋折衷的氣氛實在無與倫比。店主兼酒保的木戶先生是曾經在銀座名店「BAR OPA」等地持續修業的實力派，率真的個性是他的魅力所在。關於本店沒有酒單的這一點，他表示：「如果客人能告訴我平時喝的酒款，或是『較輕』、『容易入口』等印象關鍵字的話，我就能為各位準備符合需求的酒。」與隔壁的人自然而然地打開了話匣子，看來京都的夜晚還會繼續下去呢。

A tiny Japanese garden

Approach

Room

1 從吧檯席回頭望去的地方還設有坪庭，真的是滿滿的京都風情 2 也準備了很適合團體客利用的空間 3 打開門以後往裡面踏進一步，就看到眼前鋪設了醞釀出獨特氣氛的踏腳石

♦♦♦ 如果想點食物來吃的話，很推薦擁有可愛外觀的章魚先生維也納香腸 700 円。

150

BAR Kingdom
バーキングダム

展現名店訓練技藝的美酒

2020 年開業。以自「BAR OPA」承接而來的酒譜所調製的琴通寧為首，提供相當多樣化的調酒。不光是在地客人，前來光顧的海內外觀光客也不在少數，可從中窺見其人氣之高。

[MAP] P.176 D-2 ☎075-361-7870 🏠京都市下京区富小路仏光寺下ル筋屋町151 ⏰19:00 〜隔日2:00 🈶開桌費700円 🔒週一

抹茶火花
1600 円
以琴酒為基底、散發抹茶香氣的一杯京都風飲品

季節水果調酒
1800 円
使用晴王麝香葡萄等當季的水果

琴通寧
1500 円
琴酒的風味與萊姆的酸味形成絕妙口味

Bartender

帶著親切的笑容與談吐為客人調酒的店主兼酒保木戶先生

151

最後果然還是要來碗……

滑溜的收尾麵條

吃飽喝足以後，就會想用麵料理來做最後的收尾。那麼，該吃烏龍麵還是拉麵好呢？

濃稠的勾芡美湯感

湧進了極為溫和的飽滿高湯♥

京都限定招牌品項

おかる

1 『おかる』的濃平

放入煮成甜辣口味的香菇和玉子燒，再淋上芡汁的烏龍麵，最後擺上大量的生薑泥。因為高湯溶化了片栗粉，讓風味更顯濃郁。1100円

肯定是少女的選擇

1 おかる

MAP P.179 C-1
☎075-541-1001 🏠京都市東山区八坂新地富永町132 ⏰11:00～15:00、17:00～隔日2:00（週五、六～隔日2:30、週日只有白天營業）🈳無休

叉燒的量會不會太奢侈了？

在京都不能錯過的背脂chacha系！

3 『ラーメン あかつき』的叉燒麵

中粗度的直麵放入凝聚鮮味的豬拳骨＆雞骨高湯後充分吸收了極致口味，正是因為夜深了才更讓人想吃。中碗950円

也想點炸雞和米飯的特惠套組

2 『元祖熟成細麵 香来 壬生本店』的拉麵

於豚骨＆雞骨高湯中增添醬油的層次感，屬於漂浮背脂的王道類京都拉麵。丸細直麵和湯頭的契合度絕佳。800円

3 ラーメン あかつき

ラーメン あかつき
MAP P.182 E-1
☎075-702-8070 🏠京都市左京区北白川別当町13 ⏰11:30～隔日3:00 🈳不定休

計程車駕駛們也經常上門的在地知名店家

2 元祖熟成細麵 香来 壬生本店

がんそじゅくせいほそめん こうらいみぶほんてん
MAP P.177 C-1
☎075-822-6378 🏠京都市中京区壬生馬場町35-5 ⏰11:00～隔日3:00 🈳週三

深夜的外帶餐點

想要在旅館內稍微歇息一下。以下整理了
最適合在這種時候吃的宵夜菜單。

4 『ソガシッタン』的鍋料理套餐

以堅持講究「徐家母親的口味」的湯料理為
傲的店家。即便在冷到骨子裡的冬季京都，
也能溫和地讓身體暖起來。980円

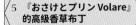
米飯一口接著一口吃……

甜辣口味的湯汁與米飯是絕妙的好
搭檔。無論身子還是內心都變得暖
烘烘的

4 ソガシッタン
そがしったん

MAP P.178 D-1 ☎075-741-8129 ♠京都
市東山区祇園町北側347-9 サンシステム
祇園ソーシャルビル1F ⊙11:30～14:30、
18:00～隔日2:30（週日、國定假日僅有
午餐）♠週一

要好好～好好地攪拌一下

韓國家庭料理中的
王道韓式拌飯也很
推薦。780円

5 『おさけとプリン Volare』的高級香草布丁

除了使用超過50%的生奶油、展現圓潤口感的高級香草布丁以
外，也提供讓酒有所發揮的成熟風格布丁。700円

叮休叮休作響香又熱氣！

使用了大量的
韭菜，口感又
酥又軟的韓國
煎餅680円

在瓶子內萬朵化的布丁

5 おさけとプリン Volare
おさけとプリン ボラーレ

MAP P.178 D-1
☎075-366-5620 ♠京都市東山区祇園町北側
347-152 加納ビル103号 ⊙20:00～隔日5:00
♠週日

聚焦於京都深夜才能體驗的度過方式！前往充滿非日常感的場域，盡情地暢遊京都吧！

復古澡堂＆三溫暖

一天的結束就到……

調劑身心！

船岡温泉
ふなおかおんせん
MAP P.175 C-3
☎ 075-441-3735 ♠京都市北区紫野南舟岡町82-1 ⊙15:00～隔日1:00（週日為 8:00～）⑤入場費 430 円 🔒無休

不僅有極富藝術性的殷施，露天風呂和檜木風呂等種類豐富的浴池是船岡温泉的賣點。另外，在星期日也提供早上 8 點開始的朝風呂服務。

也有推出商品喔！

サウナの梅湯
サウナのうめゆ
MAP P.185 B-3
☎ 080-2523-0626 ♠京都市下京区岩滝町175 ⊙14:00～隔日2:00（週六・日6:00～）⑤入場費 490 円 🔒週四

霓虹燈讓人印象深刻的「サウナの梅湯」。因為會營業到深夜 2 點，很推薦在夜已深的時段利用。不必另加費用也能使用三溫暖服務也是一大賣點。

在地人也會於此聚集的療癒空間

走在街上時就能跟一如往昔的澡堂相遇，非常有古樸美好的京都韻味。目前也留有很多依然保持開業狀態，持續營業至今的澡堂。

其中，創業於大正時代、歷史悠久的「船岡温泉」，其建築物甚至還被列為登錄有形文化財，真是讓人驚豔。花磚以及鏤空欄杆等細致出色設計意象的細節隨處可見，讓人能夠沉浸在邊泡邊鑑賞藝術的澡堂體驗。此外，有所講究的「サウナの梅湯」則採用了使用薪柴燒煮天然地下水的傳統方法。這間曾一度瀕臨停業的澡堂由年輕店主復興一事相當出名。請大家也一定要看看它們的原創商品。

24小時無休的旅館

是什麼樣子？

隨時都能享用麵包＆飲料

交誼廳服務也是充實的 24 小時！

誕生於 2023 年 9 月 的「insomnia KYOTO OIKE」，設置在 1 樓的交誼廳空間除了免費的飲料、食物、共享單車以外，還有收費制的清酒服務。24 小時都能辦理入住，最適合熬夜派的朋友。

12 種左右的講究麵包會依時段出爐，因此依利用時間的不同，就能享受到不同的風味。

麵包也是隨意吃

insomnia KYOTO OIKE
インソムニア キョウト オイケ
MAP P.181 B-1
☎ 075-221-7700 ♠京都市中京区室町通押小路下ル御池之町 314 ⊙IN15:00 OUT11:00 ⑤1泊1室1万1200円～ 🔒88室

熬夜的遊戲時間

回到孩提時代，來場如何呢？

遊戲愛好者聚集的酒吧。配著食物和酒，一起沉浸在桌遊的樂趣之中，享受京都的漫漫長夜。

GAME BAR CLANTZ
ゲーム バー クランツ
MAP P.180 D-3
☎ 075-221-3601 ♠京都市中京区蛸薬師通油屋町146 ラポルトビル4F ⊙19:00～隔日3:00 ⑤開桌費500円（每小時低消1杯飲料制）🔒週一

縣祭

又是什麼？

暗夜的奇祭

被熱氣包圍的獨特夜之祭典

每年 6 月 5 日至 6 日黎明舉行的縣祭，因為會在一片漆黑中舉行梵天渡御儀式，因此也被人們稱為「暗夜的奇祭」。

深夜也超熱鬧！

縣神社
あがたじんじゃ
MAP P.186 A-5
☎ 0774-21-3014 ♠宇治市宇治蓮華72 ⊙境内自由參觀

THE

SEASON

Guide 24h

春夏秋冬
最爲特別的
1 日享樂方式

春
天的1日享樂方式
How to enjoy a spring day

以象徵京都春天的「櫻花」為主題進行漫遊。源自櫻花形象的便當或甜點也都是絕對不能忘記的存在。

12:00
品嘗外觀華麗的**賞花便當**

被季節食材填得滿滿的竹籠便當 3780 円。不僅有種類豐富的配菜，擺盤也很美麗，能讓賞花行程變得更加特別。

三友居
さんゆうきょ

[MAP] P.182 E-1
☎075-781-8600 ♠京都市左京区北白川久保田町22-1
◷10:00～18:00（需要於3天前預約）🔒週三

10:00
哲學之道的高雅賞櫻散步

約 2km 的小路上沿途都是盛開的櫻花，儼然就是浪漫的櫻花隧道。每年的 3 月下旬～4 月上旬左右是觀賞時期。

哲學之道
てつがくのみち　P▶50

都舞
みやこおどり P▶81

14:30

風雅的**都舞**激起感動！

午後就去欣賞都舞。華美的舞台展現 100% 的京都風情！每年全新製作的美麗衣裳也值得注目！

16:00

絕對要品嘗的**春季限定甜點**

伊藤久右衛門的櫻花抹茶芭菲 1390 円，除此之外，各式各樣的店家也會提供以櫻花為主題的甜點。

**伊藤久右衛門
祇園四条店茶房**
いとうきゅうえもん ぎおんしじょうてんさぼう
MAP P.180 F-4
☎ 075-741-8096 ♠京都市東山区四条通大和大路東南角祇園町南側 586 ◎ 10:30 〜 18:30（視人流狀況，有可能提早於 18:00 打烊）⬛元旦

圓山公園
まるやまこうえん
P▶126

18:00

幻想般的**櫻花點燈**讓人如癡如醉

圓山公園的枝垂櫻在夜裡散發出與白天截然不同的氛圍。其美麗的光景絕對是要近距離觀賞的一幕畫面。

10:00
於糺之森品嘗
沁涼的刨冰

這款刨冰源自於會舉辦冰室神事的下鴨神社。特徵是口感柔順並且在口中瞬間融化的感受。1000 円

14:00
沁入心牌、口感Q彈的「金魚點心」

在梅酒風味的寒天裡面，有可愛的金魚羊羹在游動，看起來多麼清涼啊。於 5 月～8 月限定販售。320 円

12:00
冰涼的器皿也讓人舒暢
香氣清爽的酢橘蕎麥麵

優美的麵條浸在冷高湯之中，湯汁表面漂浮著許多酢橘片，是一道屬於夏季中心的美麗餐點。1000 円

15:00
找把能作為祭典之友的
優雅團扇

也有販售使用祇園祭山鉾圖案的團扇。和浴衣很相襯，宵山漫步時拿出來肯定會吸引目光的。1430 円

15:00

十八番屋 花花
おはこや そうか

發掘出在意的品項吧

備有多樣化雜貨的伴手禮商店。不光是金平糖或摺紙等內容物，就連外觀為版畫樣式設計的盒子都能挑選。715 円～是本店的招牌商品。

(MAP) P.184 F-4

☎075-251-8585 📍京都市中京区寺町通夷川上ル東側常盤木町46 ◎11:00～17:00 🈺週二、三

14:00

松彌
まつや

擁有季節感的創作和菓子

以「いろは餅本店」之名於明治21（1888）年創業。憑藉以金魚為首、巧妙表現季節變化的四季更迭創作和菓子獲得好評。

(MAP) P.184 F-4

☎075-231-2743 📍京都市中京区新烏丸通二条上ル橘柳町 161-2 ◎10:00～18:00 🈺週一、每月第 3 個週二

12:00

手打ちそば屋 花もも
てうちそばや はなもも

下工夫手打的二八蕎麥麵

由信州出身的店主手打、對產地和鮮度有所講究的二八蕎麥麵，無論色、香、吞嚥的感覺都讓他引以為傲。也推薦鴨南蠻蕎麥麵1450 円。

(MAP) P.184 E-3

☎075-212-7787 📍京都市中京区丸太町麩屋町西入ル昆布屋町 398 ◎11:00～最後入店 18:30(售完即打烊) 🈺週一、每月第 4 個週日(逢國定假日則營業)

10:00

さるや
さるや

在神聖森林的茶店享用的甜品

以紅豆甜品店聞名的寶泉堂經手、位於糺之森的茶店。與過去在祭禮時食用的習俗有關的申餅（附黑豆茶）也是必嚐。800 円。

(MAP) P.174 E-3

☎090-6914-4300 📍京都市左京区下鴨泉川町59 下鴨神社境內 ◎10:00～16:30 🈺無休

夏 天的1日享樂方式

How to enjoy a summer day

說到京都的夏季，那就得提及祇園祭了。精彩熱鬧的宵山期間，祇園囃子的音樂與人山人海的熱氣交織在一起，迎來祭典的最高潮時刻。

18:00
歡欣鼓舞的**祇園祭**宵山

裝載懸裝品的山鉾簡直就是「移動的美術館」。在祇園囃子的樂聲引導下，聲勢浩大的人們紛紛來到這裡看熱鬧。

祇園祭
ぎおんまつり

佲無（請至京都觀光Navi官方網站確認）⊙2024年路線與預計通過時間：前祭巡行7/17 四條烏丸 (9:00) →河原町四條 (9:35) →河原町御池 (10:20) →新町御池 (11:20)、後祭巡行7/24 烏丸御池 (9:30) →河原町御池 (10:00) →四條河原町 (10:40) →四條烏丸 (11:20) ⓢ自由參觀(收費觀賞席：視席位而變動)

9:00
約2000株的楓樹讓人看得入迷

從架設在寬廣境內的溪谷上的通天橋往下俯瞰，映入眼簾的光景簡直就像是「紅葉雲海」。那種美感讓人不禁屏息靜觀。

東福寺
とうふくじ

MAP P.185 C-5 ☎ 075-561-0087 🏠京都市東山区本町 15 丁目 778 ⏰ 9:00～最後入場 16:00（12 月上旬～3 月底的最後入場 15:30・秋季特別參拜期間 8:30～）💴通天橋・開山堂 1000 円・本坊庭園 500 円🔒無休

秋天
How to enjoy a autumn day
的1日享樂方式

京都的秋天是一年中有最多觀光客到訪的季節。於市內各地的紅葉聖地開展而出的美麗漸層世界，不管是誰肯定都會為之傾心。

10:30
成爲影視作品舞台的**水路閣**
也染上了紅葉的顏色

作為拍攝地而聞名的南禪寺境內的水路閣，到了紅葉時節，其紅磚與紅、黃兩色的紅葉所形成的調和之美也會變得更醒目。

南禪寺
なんぜんじ　P▶28

160

16:00
享用**和菓子**的味覺之秋

和菓子職人憑藉敏銳的感性去巧妙表現秋季，這個產物就是上生菓子。如果送給重要的人，對方一定會很開心的。

12:00
令人讚賞的**名物湯豆腐**

在寒冷的季節裡能夠讓身子骨都暖起來的，就是門前名物的湯豆腐。因為經常會大排長龍，建議各位務必要提早進行預約。

18:00
欣賞**美麗的東寺點燈**

要離開京都之前，記得去趟東寺的夜間特別參觀行程。與白天截然不同的幻想光景，肯定會深深烙印在旅行的記憶之中。

14:00
秋季限定甜點屬於另一個胃

大量運用秋天味覺要素的甜點，是絕對不能錯過的美味。

12:00

南禪寺 順正
なんぜんじじゅんせい

MAP P.182 E-5 ☎075-761-2311
🏠京都市左京区南禅寺門前
🕙11:00 ～ LO20:00（21:30打烊）
🔒不定休

14:00

Lignum
リグナム P▶45

16:00

二條若狹屋 寺町店
にじょうわかさや てらまちてん
P▶103

18:00

東寺（教王護國寺）
とうじ（きょうおうごこくじ）

MAP P.185 A-5
☎ 075-691-3325 🏠京都市南区九条町1 🕙 8:00 ～ 16:30（閉門17:00）※ 紅葉點燈與夜間特別公開期間 18:00 ～ 21:30（最後入場21:00）💰自由參拜（金堂、講堂500 円）※ 夜間特別參拜1000円、畫夜交替制 🔒無休

冬 天的1日享樂方式

How to enjoy a winter day

在元旦出門前去新年參拜，或是品嘗京都才能遇見的美食，京都的冬天也有相當多的享受方式。

10:00

到熱鬧的 **伏見稻荷大社** 新年參拜！

以關西首屈一指的參拜人數而聞名。就算正月頭三天已經過了，前來祈求生意興隆等庇佑的人們仍是絡繹不絕。

伏見稻荷大社
ふしみいなりたいしゃ　　P▶15

12:00 品嘗熱氣騰騰的 **京名物壽司**

使用大量蛋絲的冬季京名物，蒸壽司。微微的醋香勾起了食慾。1650 円。

寿司乙羽
すしおとわ
MAP P.180 E-4
☎075-221-2412 🏠京都市中京区新京極四条通上ル中之町5655 ◎11:00～20:00 🔒週一

14:00

品嘗 **正月感100%** 的芭菲

融入松樹、鶴、日出等喜慶要素的設計。※關於營業日請提前確認

金の百合亭
きんのゆりてい　　P▶111

162

16:00
向**惠比壽大人**祈求好運！

能祈求生意興隆保佑的十日惠比壽大祭（通稱：え
べっさん）。入手上頭掛
著吉祥裝飾物的福笹，祈
求好運的到來吧！

京都惠美須神社
きょうとえびすじんじゃ
MAP P.179 B-3
☎075-525-0005 ⊛京都市東山区大和大路
通四条下ル小松町125 ◯◯ 🔒境內自由參觀

18:00
造訪貴船神社的**積雪日限定點燈**活動

如果在下雪的日子來到京都旅遊，這裡就是一定要
造訪的地點。被雪妝點的光景真是美不勝收！
貴船神社
きふねじんじゃ　　P▶127

HOTEL × STAYCATION

即便說得保守
依舊是超棒的旅館服務

KYOTO
HOTEL
GUIDE

這裡將介紹讓京都旅行更加
充實、現今的話題性嚴選旅
宿！

能眺望和風中庭
的挑高開放感大廳

挑高設計的大廳交誼空間與和風的
中庭構成調和感。緞帶樣式的布疋
營造出了高格調的氣氛

LOBBY

COURTYARD

ROOM

RESTAURANT

都喜天麗京都

デュシタニきょうと

泰國風格的優雅款待

泰國的高級飯店品牌「Dusit
Thani」於 2023 年 9 月首度登陸
日本。是一間結合了各式各樣的泰
國魅力與日本式精粹的飯店。

MAP P.185 B-3 ☎075-343-7150 🏠京
都市下京区西洞院町466 ◉IN15:
00 OUT12:00 ⑤1泊1室5万6925円〜
🛏147室

刺激五感、
名主廚監修的泰國傳統料理

身處在雅緻的空間內，品嘗刺激包含
內心在內的六感的泰國傳統料理

ROOM

日本的纖細傳統文化與
泰國的優雅款待

也有能在架高的榻榻米空間欣賞中
庭、擷取和風要素的客房

感覺不像是市區，
被寂靜圍繞的療癒空間

以禪思想為基礎的極簡風大廳。住
客還能在庭園裡進行冥想或是伸展
操等活動

竹庭景觀與二條城景觀
該選哪一邊才好呢？

提供陽台前方就是一片竹林的
竹林庭園景觀客房，以及能眺
望二條城的美景客房

ROOM

RESTAURANT

料理長對於生產者
和食材都徹底講
究，嚴選以京都為
中心的當令食材來
進行調理

京都二條城悅柳酒店

ギャリア・にじょうじょうきょうと

擁有苔庭的奢華飯店

2022 年於鄰近二條城的位置開業。能欣賞苔
蘚庭園的館內空間充滿了療癒的氣息，透
過其「Well-Being」的理念，無論身體還
是心靈都能煥然一新。

MAP P.177 C-1

☎075-366-5806 ♠京都市中京区市之町180-
1 ⊙IN15:00 OUT12:00 ⑨竹林庭園景觀客房（雙
床）1泊1室10万円～ ▯25室

季節性日本食材與
法國料理技巧的巧妙融合

傳統的法國料理技巧搭配日本的高檔食材與
「Well-Being」要素，完成了創新性的料理

膠囊旅館
×北歐

MAJA HOTEL KYOTO
マヤ ホテル キョウト

由知名設計師監修

感受北歐氣氛的
膠囊旅館

芬蘭設計師 Harri Koskinen 先
生負責監修的極簡風空間被木頭
的溫度給包圍，舒適宜人。咖啡
廳也是北歐的氣氛。

(MAP) P.180 D-2
☎075-205-5477 🏠京都市中京区柳馬場通六
角上ル槌屋町92 ⏰IN16:00 OUT10:00
💰1人1泊(純住宿) 4047円～ 🛏60室

1 女性專用的膠囊空間，模仿小木屋樣式的三角屋頂設計
讓人印象深刻 **2** 地理位置便利，能作為觀光時的據點 **3** 在
「MAJA CAFE TUPA」品嘗芬蘭料理

生活風
×溫浴體驗

韓國風情的設計
打造出怦然心動♡的空間

套房旅館×
海外旅行感

1 彷彿將女性憧憬的元素全都囊括
在內的客房 **2** 繽紛的韓國馬卡龍光
用看的就讓心情好了起來！ **3** 坐落
於東寺對面的好地點

退房可至
隔天的14點

1 也有裝設大型投影幕的
客房 **2** 早餐想吃幾次都可
以 **3** 採用自助 check in 制
度

seaquence KYOTO GOJO
シークエンス キョウト ゴジョウ

實現了靈活的住宿模式

17 點 check in、　隔 天 14 點
check out、早餐供應到 12 點，
採用如同前述的嶄新時間設定。
岩盤浴和三溫暖設備也很完善。

(MAP) P.176 D-2 ☎075-353-0031 🏠京都
市下京区五条烏丸町 409 ⏰IN17:00
OUT14:00 💰1泊2人(附早餐) 9800円～
🛏208室

THE ROOT2 HOTEL
ザ ルートツー ホテル

擁有8間套房的旅館

總計 8 間套房式客房，每間都是
以不同的概念進行設計。簡直就
像是來到國外的時髦住宅，待在
旅館的時間也變得更開心！

(MAP) P.185 A-4
☎075-661-3600 🏠京都市南区東寺東門
前町49-1 ⏰IN15:00 OUT11:00 💰1泊1
室1万5000円～ 🛏8室

被歷史與藝術環繞的旅宿時光

HOTEL × RENOVATION

1 這裡提供了 10 種多樣化的房型 **2** 伴隨新風貌（▶ P.115）的整修於 2020 年開業 **3** 提供時髦塔可餅的「PIOPIKO」等餐廳也值得關注

改裝自「舊京都中央電話局」！
由建築師隈研吾先生監修外觀設計。構成激發好奇心的空間

來自西雅圖的旅館、被藝術給包圍、

Ace Hotel Kyoto
エース ホテル キョウト

東西文化相遇的場所

作為生活風旅宿的先驅而聲名遠播的旅館。和風、洋風的設計與文化融合後形成的空間具備了獨創性的存在感。

(MAP) P.181 C-2
☎075-229-9000 ♠京都市中京区車屋町245-2新風館內 ⏱IN15:00 OUT12:00 ①1泊1室4万8477円～ ▯213室

(c) Yoshihiro Makino

1 由旅館進駐的建築物將作為教育與文化的據點被長期活用 **2** 能一覽市內景觀的餐廳 **3** 能在住宿期間眺望京都四季推移的客房

懷舊感與新氣象共存的空間

THE GATE HOTEL 京都高瀬川 by HULIC
ザ ゲート ホテル きょうとたかせがわ バイ ヒューリック

能夠接觸多種文化的旅館

除了留有前小學校舍意趣的洗鍊空間之外，這裡也準備了能夠藉由五感去實際體驗京都風情的各種活動。

(MAP) P.180 F-3 ☎075-256-8955 ♠京都市中京区蛸薬師通河原町東入備前島町310-2 ⏱IN14:00 OUT11:00 ①1泊1室2万5773円～ ▯184室

改裝自前「立誠小學」！
也有承襲小學時代的設計風格、充滿個性的客房

1 黑色塗裝的外牆留下白字「キンシ正宗」，韻味猶存 **2** 留有銷售處餘韻的町家交誼空間 **3** 所有的房間都是設置檜葉風呂的客房

改裝自前「酒藏的銷售處」！
將屋齡 100 年的京町家予以整修。來趟在和風空間悠哉度過的旅行吧

日本酒和檜葉風呂都深具魅力、融入街區之中的町家旅宿

nol kyoto sanjo
ノル キョウト サンジョウ

能在此體驗日本酒文化

翻新自伏見的酒藏・キンシ正宗的銷售處。能在住宿者專用的町家交誼廳自由品味日本酒。

(MAP) P.180 D-2 ☎075-223-0190 ♠京都市中京区堺町通姉小路下る大阪材木町700 ⏱IN15:00 OUT12:00 ①1泊1室2万3600円～ ▯48室

HOTEL × KYOTO

> **這就是京都！**
> **祇園白川**
> **的河畔！**
> 石板路與白川等
> 美麗京都風情滿
> 溢的場域

1・2 坐落於古美術店櫛比鱗次的新門前通、清澈的白川在眼前流過的好地點 3 邊欣賞美景邊享用美食的時光 4 設有 9 種套房，散發檜木香氣的浴槽或大理石吧檯相互協調，絲毫沒有突兀的感覺 5 新蓋好、能感受到風格的外觀

> **這就是京都！**
> **隨處可見**
> **自然素材！**
> 各式各樣的自然
> 素材在客房被作
> 為重點使用

6・7・8 活躍於世界的 Jean-Georges Vongerichten 主廚首度經手的京都餐廳，能品嘗到從京都獲得靈感的料理

The Shinmonzen

ザ シンモンゼン

東西方的美之巨匠華麗共演

安藤忠雄先生、Remi Tessie 先生共同打造的奢華精緻旅館。富含和之精神的館內空間呈現出現代藝術的特別感。

[MAP] P.177 E-1
☎075-533-6553
🏠京都市東山区新門前通西之町235 ⏱IN15:00 OUT12:00 ￥1泊1室16万190円～（附2人份的早餐）🛏9室

1 可從渡月橋搭乘專用的迎賓船前往位於嵐山溪谷的旅宿 **2** 被四季變化的美給圍繞的旅宿 **3** 以棲息於京都的傳統技法與嶄新發想所塑造的空間 **4** 秋天可以盡情度過邊觀賞紅葉邊享受餐點的奢侈時光

虹夕諾雅京都
ほしのやきょうと

搭上小船造訪極致旅宿

佇立於平安貴族熱中的嵐山水域邊、宛如私邸般的旅館。經由自然與歷史文化交織而成的壓倒性非日常空間，能一直停留在記憶的一隅。

MAP P.185 A-2
☎050-3134-8091（電話預約）🏠京都市西京區嵐山元錄山町11-2 ⏰IN15:00 OUT12:00
💴1泊1室13万6000円～🏨25室

1 重生為放鬆空間的客房。能從寢室看見中庭的景色 **2** 位於四條河原町的徒步範圍內。作為觀光時的據點非常方便 **3** 留存過往風情的設施也是隨處可見 **4** 中庭有棵樹齡超過100年的楓樹，讓人留下深刻的印象

奏 松原御幸町 紅葉邸
かなで まつばらごこまち もみじてい

由好幾棟町家集結成的複合設施

位在紅葉小路（→ P.132）內的旅宿。以傳統工法復原的京町家相當舒適。附近就有餐飲店，因此即使夜深了也無須擔憂。

MAP P.179 A-3
☎075-671-8880
🏠京都市下京区石不動の町682-8 ⏰IN15:00 OUT10:00 💴1泊2人（純住宿）1万4000円～🏨1室

趕在最後一刻買伴手禮就到這邊來

は みやこみち

鄰近 JR 新幹線和近鐵的複合設施。餐飲店和伴手禮店呈一直線排列，以方便購物而廣獲支持。因為距離新幹線八條口也很近，對於最後想找伴手禮的人來說彌足珍貴。

MAP P.185 B-4　☎ 075-691-8384　⏰ 餐廳 11:00 ～ 22:00、輕食・喫茶 9:00 ～ 21:00（某些店鋪有清晨・深夜營業時段）、商店・服務 9:00 ～ 20:00（部分店家過了 20:00 尚有營業）🚫無休

ハーベス京銘館。提供京銘果、醃漬物、京伴手禮等商品。

嵐山 桃肌こすめの京胡粉指彩（睡蓮・虞美人）各1320円～

京都北山 マールブランシュ的濃茶貓舌餅 茶之菓 10片入1501円

這裡是休息或尋找伴手禮都能派上用場的萬能場所

ろ ASTY京都
アスティきょうと

這是由連接新幹線八條口驗票閘門的 ASTY ROAD、2 樓的 ASTY STORE、新幹線閘門內店鋪等 3 區域所構成的設施。這裡也有販售日用品的便利商店和藥妝店。

MAP P.185 B-4　☎ 075-662-0741（平日9:00～17:00）　⏰視店鋪而異　🚫無休

青木光悦堂的倉鼠最中 6個入1988円

星吉信IRODORI的琥珀糖 10條入1620円

這個地方可以仔細品鑑京都的伴手禮

ほ JR京都伊勢丹
ジェイアールきょうといせたん

位於地下 1 樓，從和菓子到洋菓子應有盡有。地下 2 樓則是販售名店的便當。到生鮮市場還能入手京都特有的調味料等商品。

MAP P.185 B-4　☎ 075-352-1111（JR京都伊勢丹・代表號）　⏰ 10:00～20:00（餐廳7～10F 11:00～23:00、11F 11:00～22:00）🚫不定休

NEXT 100 YEARS的水果羊羹 1784円

出町ふたばの名代豆餅 2個入440円
※有時不會進貨。予約優先制

Q 這裡都有些什麼伴手禮和方便的服務呢？

京都車站的完美活用指南

A1. 能夠一口氣買齊名店的好味道

有著滿滿人氣伴手禮和美食的京都車站，因為幾乎蒐羅了京都的王道伴手禮，所以能夠在這裡一次採買齊全。是一個到了旅途的尾聲也依然能盡情享受京都風情的地點。

如果要入手話題伴手禮的話……

い 京都ポルタ 京名菓・名菜処 京
きょうとポルタ きょうめいかめいさいどころみやこ

位在 JR 京都站的南北通路上。一字排開都是足以代表京都的品牌以及受到矚目的店家，備有話題伴手禮和富含京都風格的便當等商品。

MAP P.185 B-4　☎ 075-365-7528（ポルタ服務處）　⏰ 8:30～21:00（視店鋪而異）🚫不定休

酵房西利的AMACO飲料 各300～400円

グランマーブルの黑糖牛奶黃豆粉 1728円

想在京都人氣店家喝茶用餐就選這裡

ろ・へ 京都ポルタ
きょうとポルタ

以 30 間左右的餐飲店為首，涵蓋伴手禮、潮流等約 220 間店鋪的購物中心。直接連通 JR 和地下鐵車站，移動時也能順道前往。

MAP P.185 B-4　☎ 075-365-7528（ポルタ服務處）　⏰ 11:00～20:30（視店鋪而異）🚫不定休

バイカルのKororin 1個400円

サー・トーマス・リプトン的Dinner High Tea 3800円

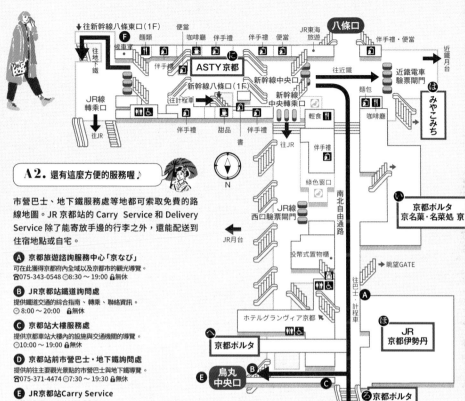

往新幹線八條東口(1F)

F 麵類　便當　咖啡廳　伴手禮　伴手禮　便當

JR東海旅遊　　八條口　　伴手禮・便當

候車室

往地下鐵

ASTY京都　　新幹線中央口　往近鐵　近鐵電車驗票閘門

近鐵月台

JR線轉乘口　新幹線八條口(1F)　新幹線中央轉乘口

往計程車　　伴手禮　甜品　伴手禮　新幹線中央轉乘口　麵包

に

咖啡廳

みやこみち

往JR

書

輕食

往JR　伴手禮

N

綠色窗口

京都ポルタ
京名菓・名菜処 京

い

JR線西口驗票閘門

南北自由通路

投幣式置物櫃

眺望GATE

JR月台

A

往巴士・計程車

ホテルグランヴィア京都

JR京都伊勢丹

ほ

へ

京都ポルタ

B

烏丸中央口

E

C

ろ

京都ポルタ

D

計程車乘車處
京都站前巴士總站

A2. 還有這麼方便的服務喔♪

市營巴士、地下鐵服務處等地都可索取免費的路線地圖。JR京都站的Carry Service和Delivery Service除了能寄放手邊的行李之外，還能配送到住宿地點或自宅。

A 京都旅遊諮詢服務中心「京なび」
可在此獲得京都府內全域以及京都市的觀光導覽。
☎075-343-0548 ⏰8:30～19:00 🔒無休

B JR京都站鐵道詢問處
提供鐵道交通的綜合指南、轉乘、聯絡資訊。
⏰8:00～20:00 🔒無休

C 京都站大樓服務處
提供京都站車站大樓內的設施與交通機關的導覽。
⏰10:00～19:00 🔒無休

D 京都站前市營巴士・地下鐵詢問處
提供前往主要觀光景點的市營巴士與地下鐵導覽。
☎075-371-4474 ⏰7:30～19:30 🔒無休

E JR京都站Carry Service
可將行李運送至住宿地點或自宅。
☎075-352-5437 ⏰8:00～20:00
💰1件1400円〜

F 新幹線京都站八條口 短期寄放・Delivery Service
可將行李運送至住宿地點。
☎075-662-8255 ⏰9:00～20:00
（櫃台～14:00） 💰1件800円〜 🔒無休

A3. 想要知道最有效率的轉乘方式

搭乘巴士
從新幹線中央口出來，經過南北自由通路，前往京都站前巴士總站。

搭乘地下鐵
下了新幹線後，從新幹線八條東口通過地下道之後就會比較清楚了。

搭乘JR
從JR線西驗票閘門移動到往大阪、滋賀、奈良、福井等地的月台。前往嵐山的話則是選擇北西月台。

搭乘近鐵
從新幹線中央口出來直接往前走，就能看到眼前的近鐵驗票閘門。

搭乘計程車
從八條口出來，東側以及烏丸中央口側這兩個區域就有計程車搭乘處。

Q 造訪主要觀光景點的正確方式

A1. 最方便的是地下鐵&巴士的「二刀流」

能精準配合地下鐵和市營巴士來縮短移動時間，你就是京都通了！請從善如流地藉由範圍涵蓋市內的市營巴士（車資均一區間 230 円）以及不必擔心交通堵塞的地下鐵，來順暢地觀光吧。

A2. 掌握基本的3條路線即可

為了前往主要的觀光地，請事前確認 2 開頭的 3 條路線會通往哪裡！因為塞車的情況並不罕見，最好保留充裕的時間再行動。

204系統	北大路巴士總站往金閣寺、岡崎方向、銀閣寺（循環行駛）。3～5 班／1 小時
205系統	往東寺、四條河原町、下鴨神社、京都水族館（循環行駛）。7～8 班／1 小時
206系統	往四條大宮、三十三間堂、五條坂、祇園（循環行駛）。4～6 班／1 小時

※ 上述運行班次是以白天的時段（10～16 點）為基準

A3. 妥善利用定期觀光巴士

也有不轉乘，而是利用開往觀光地區的定期觀光巴士這個選項。每天都會從京都站發車。

A4. 前往郊外就搭「京都巴士」

不僅市區，也會開往嵐山、岩倉、大原等地，奶油色與胭脂色塗裝的巴士。車資依區間而不同，市內中心地區為 230 円均一價。可使用地下鐵・巴士一日券。

Q 有一張就很方便的乘車票券

地下鐵・巴士一日券

市營巴士全線、京阪巴士、京都巴士部分、地下鐵全線都可利用。經常在區域間移動的話就能大為活躍。

販售價格	1100 円
販售場所	市營巴士・地下鐵詢問處、地下鐵車站窗口等
洽詢	市營巴士・地下鐵詢問處 ☎ 0570-666-846

地下鐵1日券

地下鐵全線都可利用。如果是 1 天要搭 3 次以上地鐵的人請不要猶豫，直接購買！還會獲得享到二條城等地的入場折扣。

販售價格	800 円
販售場所	市營巴士・地下鐵詢問處、地下鐵車站窗口等
洽詢	市營巴士・地下鐵詢問處 ☎ 0570-666-846

Q 詳盡理解交通方式，展開聰明的觀光行程！

A1.
有困難就前往市營巴士・地下鐵詢問處

- 自動轉接
☎ 0570-666-846
- 京都站前市營巴士、地下鐵詢問處（→P.171）
- 交通局（太秦天神川）（地下鐵太秦天神川站地下層）
- Kotochica京都（地下鐵京都站中央1驗票閘門旁）
- 北大路（北大路巴士總站內）
- 烏丸御池站（地下鐵烏丸御池站內）

A2.
想預先準備好……就善加活用觀光APP

歩くまち京都
（バス・鐵道の達人）
輸入出發地和目的地，就能查詢路線、車資、行車時間的 APP。

京洛たび
收錄巴士與鐵道的路線圖、巴士站導覽、年度活動等讓觀光更方便的滿滿情報。

A3.
漫步京都時也攜帶「京歩きマップ」如何呢？

由京都市發行的免費京都觀光導覽圖「京歩きマップ」。先在京都街區觀光詢問處（設於京都市內的7-11、星巴克咖啡等處）入手吧！

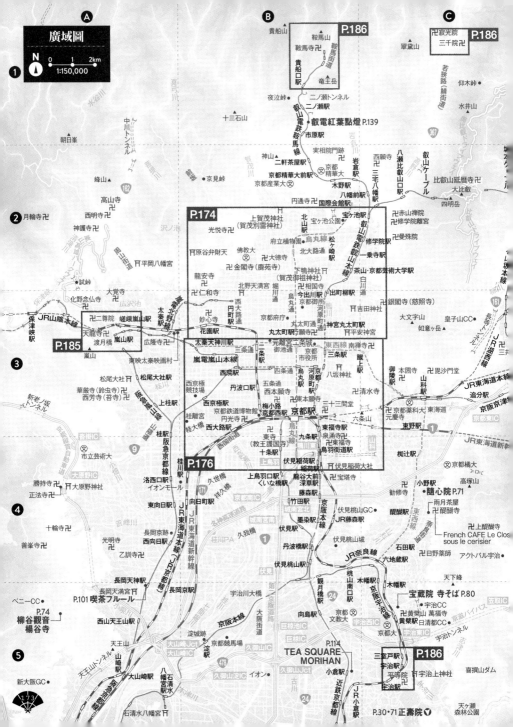

上賀茂　**D**

大田神社　博愛会病院

貴船神社　京都ヴィラ前　博愛会病院前　**E**　寝子ヶ山　国立京都国際会館　国際会館駅　鞍馬駅　**F**　八瀬比叡山口駅

叡山電鉄本線

上賀茂御薗橋　狭間町　深泥池　宝ヶ池　花園町　宝ヶ池　宝ヶ池駅　**1**

長久堂 北山店　西山　宝ヶ池公園前　松ヶ崎　服部山

上賀茂松本町　マールブランシュ 北山本店　上賀茂狸谷田町　宝ヶ池公園スポーツ広場　岩上神社　涌泉寺　東山　一本松

北山駅　鞍馬街道　宝ヶ池公園前　松ヶ崎大黒天　松ヶ崎橋　山端

府立植物園　京都ノートルダム女子大　北山通　修学院駅前・松ヶ崎駅前　修学院駅　鷺森神社

府立植物園北門前　京都工芸繊維大　修学院離宮道

北・花梓侘 P.43　**2**　京都コンサートホール前　左京区役所総合庁舎前　薬師堂　清賢院

北大路駅　Fat Witch Bakery京都店　府立大正門前　松ヶ崎浄水場　高野京町　一燈寺（葉山観音）　圓光寺

植物園前　洛北高校正門前　北大路通　一乗寺駅　一乗寺中谷 P.42　詩仙堂

WIFE&HUSBAND　下鴨本通北大路　高野橋　叡山電鉄鞍馬線　本願寺北山別院　金福寺

下鴨　法泉寺　高野車庫　一乗寺公園　一乗寺下り松町　一乗寺木ノ本町　**3**

花の木 P.101　一本松　洛北阪急スクエア　白川通北大路

JCHO京都鞍馬口医療センター　上善寺　高野　喫茶フィガロ　茶山・京都芸術大学駅　京都芸術

西光寺　出雲路俵町　さるや P.158　東鞍馬口通　京都芸術大　上終町・瓜生山学園京都芸術大学前

上御霊神社　御霊前通　紫ノ森　田中大久保町　田中　北白川別当町

慈雲院　出雲路松ノ下町　河合神社 P.35　清水町　叡電元田中　元田中駅　北白川別当

京都市上京区　阿弥陀寺　COFFEE HOUSE maki P.40　田中里ノ前　**4** P.182

相国寺　十念寺　佛陀寺　新葵橋　旧三井家下鴨別邸 P.25　おにぎり屋さん P.17　北白川校前　北白川天神宮　八神社

同志社大　本満寺　P.17 出町座　P.17 ベーカリー柳月堂　知恩寺　浄土院　銀閣寺（慈照寺）

同志社女子大　出町柳駅　P.17 出町ふたば　鴨川　百万遍　今出川　白川今出川　GOSPEL

烏丸今出川　河原町今出川　福到 FUDAO 台湾茶 P.79　吉田山　哲学の道　法然院

SASAYAIORI＋京都御苑 P.115　賀茂大橋　吉田神社　東山東一条　京大　銀閣寺

乾御所　朔平門　本禅寺　梨木神社　京阪鴨東線　大元宮　吉田　安楽寺

京都御所　迎賓館　清浄華院　鷹山寺　川端丸太町駅　宗忠神社　霊鑑寺

建礼門　府立医科大病院　東大路通　真如堂　安楽寺

白雲神社　府立文化芸術会館　護浄院　近衛通　京大病院　善正寺　金戒光明寺　鹿ヶ谷

烏丸線　宗像神社　歴史資料館　京都大医学部　聖護院　平安の森ホテル京都　光雲寺

厳島神社　京都御苑　神宮丸太町駅　六勝寺跡　岡崎神社　天王町

丸太町通　下御霊神社　行願寺（革堂）　東山丸太町　平安神宮　応天門　若王子神社

竹屋町通　京都駅　夷川通　河原町丸太町　丸太町通　六請茶庭　平安神宮　岡崎　満願寺　**5**

174

京都中心北部

N
0 250 500m
1:28,000
廣域圖 ▶ P.173

釈迦谷山

法霊寺卍　　　　　神光院卍　御菓子司 霜月
　　　　　　　　　　　　　　　　P.35・47 上賀茂神社
西方寺卍　　　　　　　　　　　　（賀茂別雷神社）
　　　　　　　　　　　　　　　　P.37 上賀茂手作市集
浄心院卍
　　　　一條院　　　　　　　　　葵祭
　　　　　　　　　　　　　　　　神馬堂

北区
大宮

大徳寺讃州寺卍　　P.30
然林房　●源光庵　卍常照寺
吟松寺卍　　光悦寺
　　　　　　　卍　　　　紫竹
　　　　　　　　　　　　西通
　　　　　　　　　　　　　　　　⊗北署
　　　　　　　　　　　　　　　　大宮
　　　　　　　　　　　　　　　　交通公園　　玄以通
桃山　　　　　　　　　　　　　　　　　　久我神社开　紫竹

峯岸山
東急ハーヴェスト
京都鷹峯&VILLA　　　　　　　　　　　　北山通
常信寺卍　　　　　　　　　紫野泉明町　常徳寺卍
　　　ROKU KYOTO, LXR Hotels & Resorts
　　　P.106 THE ROKU SPA
宇多谷川
大北山　　　　　　　　　　　　　　今宮神社 P.35
松山閣　　　　　　　卍西向寺
开原谷弁財天　　衣笠常修寺卍　　　　　　卍芳春院
　　　　　　　　　　　　　　　　　　　　卍如意庵
　　　大文字山　　　　　佛教大　　　　卍唯明寺
　　　　　　　　　　　　　　　　大徳寺卍　P.89 BonbonROCK
　　　　　　　　　　　　　　　　　　　　　　　　京都
P.183　　　　　　　　　　　　千本　　　　　●京都おはりばこ
鳴北　浪切不動寺卍　普門軒卍　鹿苑寺庭園　紫野　北大路通
　　　　　　不思議不動院卍　金閣寺卍　　　　堀川北大路
　　　　　　　　　　　　　　（鹿苑寺）　　船岡山公園　●うめぞの茶房 P.8
衣笠　　　　　　　　　　　　　　　　建勲神社开　　　　　　P.44
　　　　　　　　　　　　　　　　紫野 しおん庵　　●お菓子
朱山古墳　　衣笠山　　　　宝泉院　　　　　●船岡温泉 P.154
龍安院　　　堂本印象美術館●　千本鞍馬口　綾小路通　上御霊前通
西源院卍　　　きぬかけの路　　　　　　　千本ゑんま堂　本法寺
龍安寺卍　　　　　　　　　　　　　引接寺　卍称念寺（猫寺）　妙蓮寺
　　知足庵　　CAfe 山猫軒●　小松原　　　　　　　　上寺之内通
卍大窪寺　　立命館大　　平野　　　　　　　卍釘抜地蔵（石像寺）
宇多野　　仙壽院卍　立命館大　平野神社开　　　　　　　　堀川通
卍霊山寺　　　　　等持院　　　　　　　北野天満宮开　千本釈迦堂
　　卍仁和寺　蓮華寺　卍　（雁の寺）　松原寺　　　上七軒歌舞練場　（大報恩寺）P.80
仁和寺　　竜安寺　龍安寺駅　等持院　松原寺　　　　　　昆布と麺 喜一　五辻通
御室会館　　　　　　　　卍念佛寺　北野　　　　　　千本今出川　首途八幡宮
宇多野駅　　佐近　　　等持院駅　　　西大路通　　喫茶 静香●　⊗西陣局　●今出川通
御室仁和寺駅　妙心寺駅　谷口　　　　北野白梅町　knot café　　　西陣織会館
御室　　　卍妙心寺　　　　　　　　　今小路通　京の氷屋 さわ　　笹屋町通
妙心寺駅　東林院　　　　　　　北野白梅駅　　OTOMO KYOTO P.19　浄福寺　冨田屋
退蔵院（妙心寺塔頭）　　　　　　　　　　　　　　　一条通
卍西光庵　卍妙心寺　　　府立医科大　　　乾窓院卍　　　　上立売通　　晴明
花園　　　花園会館　卍成願寺　府立体育館　　　　　　智恵光院通　堀川通
　　　卍花園会館　　　西ノ宮伯楽局　　　神　　　卍報土寺　　裏門通
　　　卍慧照院　　　　　　　　　　　天神通　　七本松通　　　　日本酒バル ポキ家
妙心寺前　　　　　　　法輪寺（だるま寺）卍　　　六軒町通　七　　山中油店
　　　　　　　　　　　　　　　　　　　　下ノ森通　本松通　浄福寺通　大宮通
花園駅　　　　　　　　　　　　　　　極楽寺卍　卍慈眼寺　　　黒門通　猪熊通
常盤　　　　JR山陰本線　　　　　　大雄寺卍　卍弘誓寺　　EDITORIAL HAUS
　　　　　　　　　　　丸太町通　　　　　　　　　　MAGASINN KYOTO
嵯峨嵐山駅　花園駅　円町駅　　　　　　　　丸太町通
　ふれあい文化会館　　　　　　　　　千本丸太町
175　木嶋神社开　　太秦安井　　　　中京区　P.47
　　（蚕の社）　　　　　天神川通　西ノ京　京都駅▽　元離宮二條城　二之丸庭園

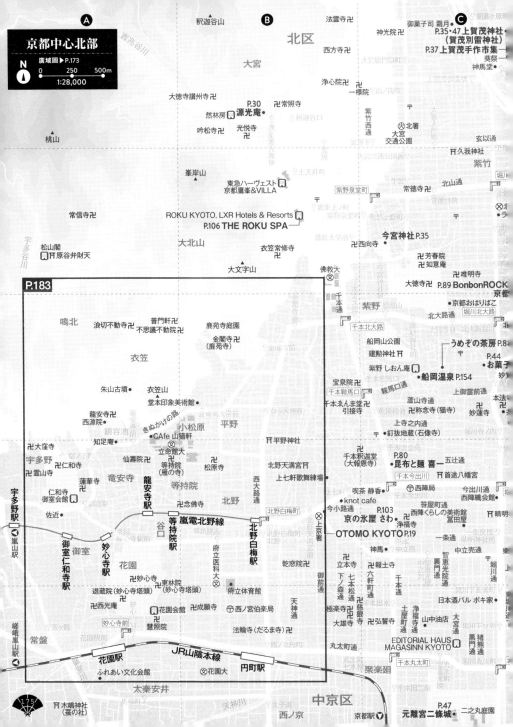

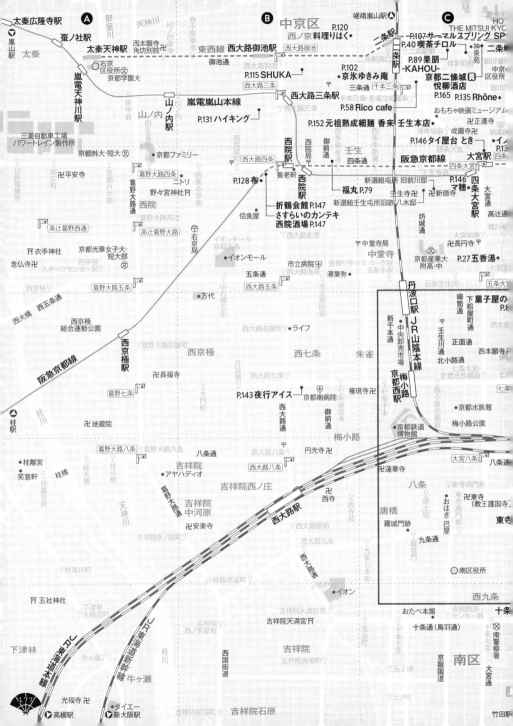

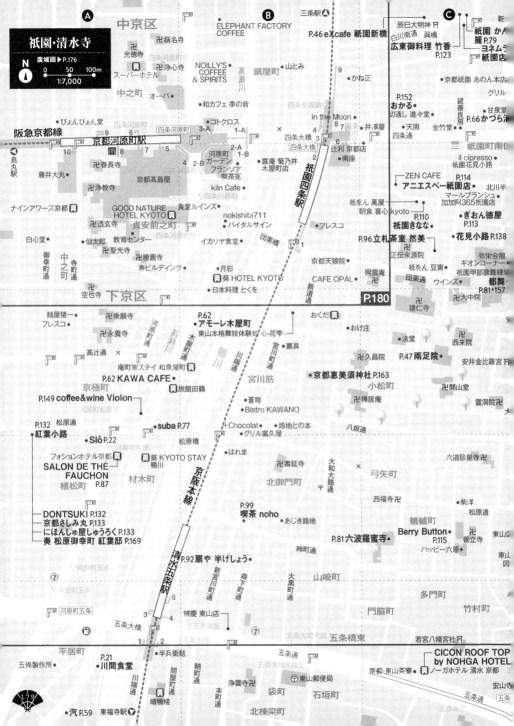

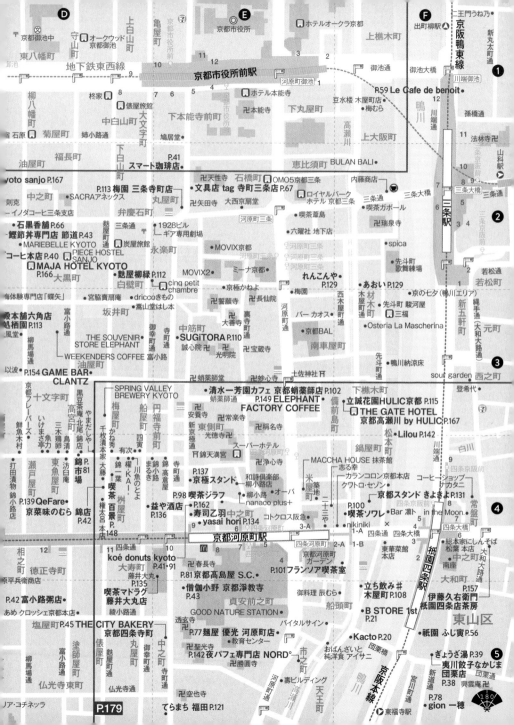

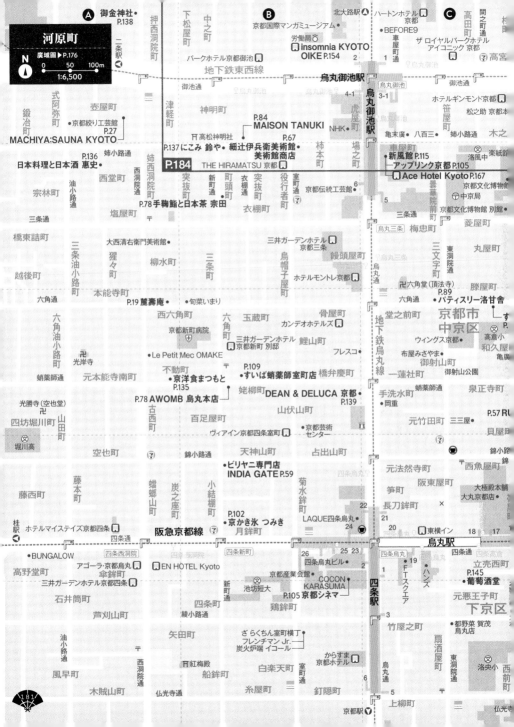

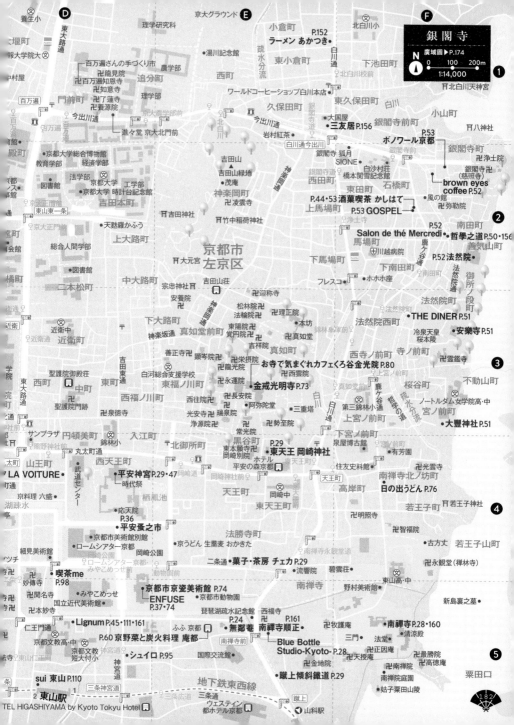

養生小

D

京大グラウンド E

小倉町 P.152
ラーメン あかつき

北白川小

F

銀閣寺

廣域図 ▶P.174

N 0 100 200m
1:14,000

1

理学研究科

東大路通

湯川記念館

疏水分流

東小倉町

白川通

下池田町

北白川校前

卍北白川天神宮

百万遍さんの手づくり市
卍龍見院
卍百万遍知恩寺
卍如意寺
卍了蓮庵
卍養源院

農学部

追分町

西町

久保田町

ワールドコーヒーショップ白川本店

東久保田町

小山町

卍八神社

門前町

理学部

今出川通

進々堂 京大北門前

今出川通
岩village紅茶

三友居 P.156

銀閣寺前町

P.53
ボノワール京都

銀閣寺卍

京都大学総合博物館
教育学部 経済学部

吉田山

吉田山緑地
茂庵

銀閣寺 狐月
SIONE
白沙村荘
橋本関雪記念館

P.53

brown eyes
coffee P.52

法学部
図書館
京都大学 工学部
京都大学 時計台記念館
吉田本町

神楽岡町
卍凌雲寺

西田町
田中町

風の館
卍弥勒院

東山東一条

吉田神社

卍竹中稲荷神社

P.44・53 酒菓喫茶 かしはて
上馬場町

P.53 GOSPEL

P.52
Salon de thé Mercredi

2

京都市
左京区

卍大元宮

吉田山荘

馬場町
川越病院

哲學の道 P.50・156
善気山町

P.52 法然院

田中町

二本松町

中大路町

宗忠神社卍

下馬場町

ホホ座

法然院町

御所ノ段町

総合人間学部

安養院
卍迎称寺

フレスコ

法然院

御所ノ

図書館

下大路町

松林院卍
法輪院卍

THE DINER P.51

近衛中
近衛通

神楽坂通

卍理正院

本坊

卍真如堂
錦林車庫前

冷泉天皇
桜本陵

安樂寺 P.51

聖護院御殿荘
中町
聖護院門跡

吉田東町

真正寺卍
善正寺卍 顕密院卍
卍龍光院
白河総合支援学校
東福ノ井町 卍永運院

吉祥院
真如町

西寺ノ前町

寺ノ前町

卍靈鑑寺

お寺で気まぐれカフェくろ谷金光院 P.80
卍西雲院

鹿ケ谷

3

東大路通

西町

西福ノ井町

泉徳寺

石往院卍
光安寺卍
浄源寺

卍長泉寺
卍瑞泉院
阿弥陀堂
常光院

金戒光明寺 P.73

真如堂前

三重塔

真如山町

桜谷町

ノートルダム女学院高・中

不動山町

宮ノ前町

大豐神社 P.51

サンプラザ
円頓美術館
錦林小
丸太町通

北御所町

黒谷町
岡崎別院

東本願寺
ホテル
平安の森京都

屋博古館

下宮ノ前町

有芳園

光雲寺

LA VOITURE

武道センター

P.29
東天王 岡崎神社

天王町

南禅寺北ノ坊町

京料理 六盛

平安神宮 P.29・47

時代祭

岡崎神社前

住友史料館

高岸町

日の出うどん P.76

湖疏水

応天門
P.36
平安蚤之市

岡崎中

東天王町

卍明照寺

若王子神社

4

京都市勧業館別館
ロームシアター京都
岡崎公園

京うどん 生蕎麦 おかきた

法勝寺町

南禅寺永観堂道

響応寺

碧雲荘

若王子山町

古方丈

卍永観堂(禅林寺)

細見美術館

みやこめっせ

二条通 菓子・茶房 チェカ P.29

南禅寺

野村美術館

東山高・中

喫茶me
P.98

卍妙傳寺

みやこめっせ

京都市京瓷美術館 P.74
京都市動物園

新島襄之墓

卍閑名院

ENFUSE
P.37・74

京都市美術館別館

西福寺

P.161

卍牧護庵

南禅寺 P.28・160

卍本妙寺

国立近代美術館

琵琶湖疏水記念館

P.24

無鄰菴 南禪寺順正

清涼殿

仁王門通

Lignum P.45・111・161

ふふ 京都

卍正因庵

京都文教高・中

P.60 京野菜と炭火料理 庵都

卍天授庵

最勝院卍

卍仁王門

シュイロ P.95

国際交流会館

三門

法堂

南禅寺 卍高徳庵

京都文教
短大付小

Blue Bottle
Studio-Kyoto P.28

卍金地院

南禅院庭園

5

sui 東山 P.110

蹴上傾斜鐵道 P.29

姑子粟田山陵

地下鉄東西線

2 東山駅

三条神宮道

山科駅へ

TEL HIGASHIYAMA by Kyoto Tokyu Hotel

蹴上

ウェスティン
都ホテル京都

三条通

182

1

金閣寺

N 廣域圖▶P.175

0　100　200m
1:16,000

大北山蓮ケ谷町

大北山原谷乾町

衣笠赤阪町

安民沢

氷室通

鏡湖池

カトリック衣笠教会 ✝

P.87 茶房金閣庵

卍金閣寺(鹿苑寺)

金閣寺通

金閣寺前

×

金閣寺

金閣寺下町

•宇多天皇大内山陵

衣笠衣笠山町

京都市
北区

龍安寺朱山

衣笠中

おむらはうす

金閣小

鏡石通

わら天神宮 ⛩

御室住吉山町

龍安寺御陵ノ下町

衣笠山

西源院卍

立命館大学

P.75 京都府立
堂本印象美術館

まざあぐうす

わら天神前

笹屋守栄

右京区

卍龍安寺

鏡容池

立命館大学国際平和
ミュージアム
Roy's Garden

馬代通

佐井通

佐井通

西大路通

しまむら

CAfe 山猫軒

クレサンテーム

⛩平野神社

龍安寺山田町

知足庵

きぬかけの路

京こもの 衣笠

立命館大

上立売通

平野神社前

クリケット

府立聾学校

カクカメ

等持院卍

オムライス ひとみ

P.73・127 北野天満宮
天神川

御影堂

卍仁和寺

真如寺

洛星中

平野通
衣笠小

•Coffee FUKUI

衣笠

男子
公園

洛星高

聖ヨゼフ
医療福祉センター

•五重塔

御室大内

蓮華寺

御室和菓子
いと達 P.89

•竜安寺禅豆腐ろくた

今小路通

串八 白梅町本店

•黒書院
•白書院

御室会館

御室さのわ

一条通

龍安寺駅

等持院駅

嵐電北野線

北野
白梅町駅

KFC

ブラッスリーせき

仁和寺前

おからはうす

妙心寺駅

イズミヤ

北野白梅町

今出

帷子ノ辻駅

御室小

御室仁和寺駅

西大路一条

大将軍八神社 ⛩
卍地蔵院

•雙ヶ岡一号墳

天球院

光円院

京都先端科学大
附属高・中

衣笠温泉

一条通

馬代一条

大将軍小

御室双岡町

天祥院

隣華院

長慶院

大法院卍

大龍院
麟祥院

寿聖院
智勝院

桂春院

大雄院

養徳院

大将軍

仁和寺街道

佐井通

北野中

双ヶ丘中

玉龍院卍

大通院

妙心寺卍

福寿院

馬代通

島津アリーナ

二ノ丘谷古墳

霊雲院
聖澤院

東海庵

東林院

涅槃堂

府立医科大

café・de・monca

天授院卍
退蔵院卍

御梅院卍

大心院

養源院

P.113 どらやき 亥ノメ•

山城高

西大路妙心寺通

京都ならびがおか病院

慈雲院

長興院

卍龍泉庵

花園高・中

花園会館

妙心寺道

中京区

精進料理 阿じろ

妙心寺前

竹とり

王将

法金剛院卍

丸太町通

花園駅

花園小

宇多川

花園高

JR山陰本線(嵯峨野線)

エディオン

円町駅

丸太町通

嵯峨嵐山駅

双ヶ丘

右京ふれあい
文化会館

洛陽総合高

朱雀第八小

西大路通

上京

馬代通丸太町

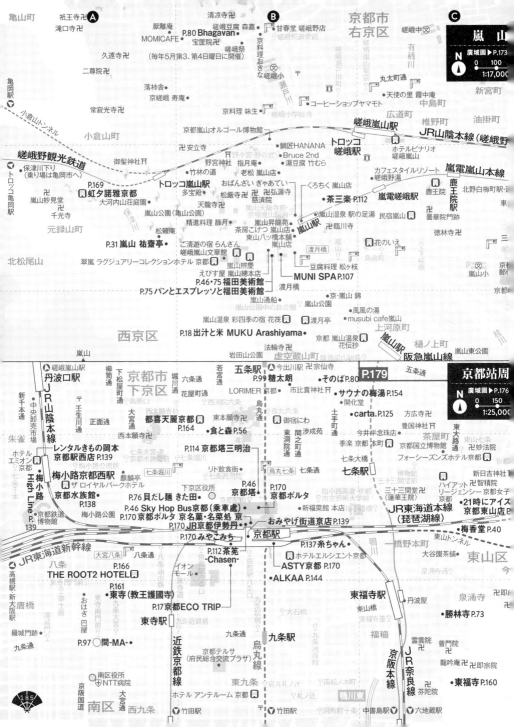

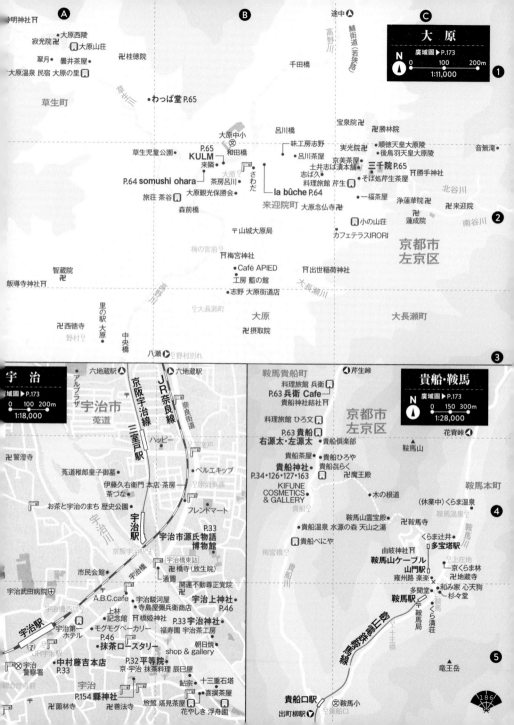

24H *Kyoto guide* INDEX

TITLE

24H京都漫旅

STAFF			**ORIGINAL JAPANESE EDITION STAFF**	
出版	瑞昇文化事業股份有限公司		編集	エディットプラス（米田友海、吉田侑、西出まり絵）、佐藤理菜子（らくたび）、津曲克彦
編著	朝日新聞出版			
譯者	徐承義		撮影	櫛ビキチエ、道海佳史、橋本正樹、増田えみ、マツダナオキ、Yusuke Oishi
創辦人 / 董事長	駱東墻			
CEO / 行銷	陳冠偉		イラスト	別府麻衣
總編輯	郭湘齡		マップ	s-map
文字編輯	張聿雯　徐承義		表紙デザイン	iroiroinc.（佐藤ジョウタ）
美術編輯	謝彥如		本文デザイン	iroiroinc.（佐藤ジョウタ、渡部サヤカ）
國際版權	駱念德　張聿雯		協力	尚雅堂、紙布染の河合
			カバー協力	尚雅堂
排版	謝彥如		企画・編集	朝日新聞出版 生活・文化編集部（岡本咲・白方美樹）
製版	明宏彩色照相製版有限公司			
印刷	桂林彩色印刷股份有限公司			

法律顧問	立勤國際法律事務所　黃沛聲律師
戶名	瑞昇文化事業股份有限公司
劃撥帳號	19598343
地址	新北市中和區景平路464巷2弄1-4號
電話 / 傳真	(02)2945-3191 / (02)2945-3190
網址	www.rising-books.com.tw
Mail	deepblue@rising-books.com.tw
港澳總經銷	泛華發行代理有限公司

初版日期	2024年6月
定價	NT$450 ／ HK$141

國家圖書館出版品預行編目資料

24H京都漫旅 / 朝日新聞出版編著；徐
承義譯. -- 初版. -- 新北市：瑞昇文化事
業股份有限公司, 2024.06
　192面；　14.8x19.3公分
譯自：24H Kyoto guide : perfect trip for
beginners & repeaters
ISBN 978-986-401-737-9(平裝)
1.CST: 旅遊 2.CST: 日本京都市

731.75219　　　　　　　113006501